Interaktionsspiele
Teil 2

Band 2 der Reihe
Lebendiges Lernen und Lehren

Klaus W. Vopel
Interaktionsspiele
Teil 2

iskopress

12. Auflage 2008

ISBN 978-3-89403-172-5

(Teil 2 der „Interaktionsspiele 1-6"
ISBN 978-3-89403-170-1)

Copyright © iskopress, Salzhausen
Umschlag: Mathias Hütter, Schwäbisch Gmünd
Satz und Layout: Alrun Kerksiek
Druck: Hans Kock, Bielefeld

**Bibliographische Information der
Deutschen Bibliothek**
Die Deutsche Bibliothek verzeichnet diese Publikation in
der Deutschen Nationalbibliographie;
detaillierte bibliographische Daten sind im Internet
über http://dnb.ddb.de abrufbar.

Inhalt

Einleitung

Die Interaktionsspiele dieser Reihe sollen alle diejenigen unterstützen, die durch eines unserer Trainingsseminare angeregt wurden, das Prinzip des Living Learning (Norman Liberman) in ihre berufliche Praxis zu übertragen. Darüber hinaus gestatten die sorgfältige Auswahl und die ausführliche Darstellung der Interaktionsspiele auch gruppendynamisch unerfahrenen Leitern von Lern- und Arbeitsgruppen ein erstes behutsames Experimentieren. Gleichzeitig hoffen wir, dass mancher durch die Arbeit mit Interaktionsspielen dazu angeregt wird, seine Kompetenz als Gruppenleiter in interaktionellen Gruppen zu verbessern.

Die präzis strukturierten Lernsituationen der Interaktionsspiele sind für zwei Anwendungsbereiche entwickelt:
- Sie helfen jeder Lern- und Arbeitsgruppe, die Kommunikations- und Kooperationsfähigkeit der Teilnehmer und damit die Qualität des Gruppenprozesses zu verbessern.
- Sie lassen sich als Curriculumbestandteile in psychosoziale Ausbildungsgänge einbeziehen (z.B. Sozialpädagogen-Ausbildung, Lehrerbildung, Personalführungsseminare, Sozialkunde-Unterricht etc.).

Die Interaktionsspiele sind als Instrumente gedacht für Lehrende in allen Bereichen sowie für Gruppenleiter in helfenden und administrativen Berufen.

Um ihre Anwendung zu erleichtern, sind die Interaktionsspiele verschiedenen Problembereichen zugeordnet, die in allen Gruppen eine wesentliche Rolle spielen, nämlich
- Akzeptierung und Angstabbau in der Anfangsphase,
- Wahrnehmen und Kommunizieren,
- Aktivierung bei Müdigkeit und Unlust,
- Entwicklung von Vertrauen und Offenheit,
- Beziehungsklärung und Feedback,
- Umgang mit Einfluss, Macht und Konkurrenz,
- Konsensus und Kooperation,
- Personal Growth (Persönlichkeitsentwicklung; ab Teil 2),
- Rollen flexibler spielen (ab Teil 4).

Die hier ausgewählten, vielfach erprobten Interaktionsspiele ermöglichen ein erfahrungsbezogenes Lernen in der Gruppe. Sie isolieren aus kompli-

zierten sozialen Situationen einige wenige, wesentliche Elemente, sodass die Teilnehmer ihre emotionale und intellektuelle Energie auf einen Erlebnisbrennpunkt konzentrieren können. Durch die inhaltlichen und zeitlichen Grenzen, die mit der strukturierten Lernsituation gesetzt sind, führen die Interaktionsspiele in der Regel nur zu einer mäßigen psychischen Belastung. Die Gruppenmitglieder können sich in der Übungsphase sehr engagieren, um dann in der Auswertungsphase ihr Verhalten in aller Ruhe zu analysieren. Neben den für jedes Interaktionsspiel im Text angeführten spezifischen Auswertungsgesichtspunkten haben sich folgende Fragestellungen für alle Spiele bewährt:
– Was habe ich wahrgenommen?
– Was habe ich gefühlt?
– Was bedeutet das für mein Verhalten?
– Was will ich mit diesen Erfahrungen anfangen?

Gerade um auch Nichtfachleuten die größtmögliche Sicherheit im Umgang mit Interaktionsspielen zu geben, ist der Verwendungszusammenhang für jedes Spiel detailliert beschrieben. Aus dem gleichen Grund ist bei den Spielen der volle Wortlaut der Anleitungen gegeben.

Sie können in Ihrer Gruppe natürlich die Instruktionen mit Ihren eigenen Worten geben; machen Sie sich aber in jedem Fall ganz genau mit der Vorlage vertraut und verändern Sie nicht die einzelnen Schritte, wenn Sie nicht beträchtliche gruppendynamische Vorerfahrungen haben. Sie können nämlich die Feinheiten im Aufbau eines Spiels zunächst nicht sicher erkennen.

Schließlich möchten wir Ihnen noch einige wichtige Prinzipien für Ihre Arbeit mit Interaktionsspielen ans Herz legen:
– Garantieren Sie, dass kein Teilnehmer gezwungen wird, etwas zu tun oder zu sagen, wozu er nicht selbst bereit ist.
– Stoppen Sie Psychologisieren und Interpretationen. Fordern Sie die Teilnehmer in diesem Fall auf, lieber persönliche Reaktionen mitzuteilen.
– Wenn ein Teilnehmer weint oder auf andere Weise zeigt, dass er sehr betroffen ist, dann drücken Sie Ihr Verständnis aus und verhindern Sie gleichzeitig ggf. allgemeine Tröstungsaktionen der Gruppe.
– Wenn ein Teilnehmer längere Zeit im Mittelpunkt der allgemeinen Aufmerksamkeit steht, fragen Sie ihn, ob es ihm recht ist oder ob er lieber in Ruhe gelassen werden möchte.

- Bestimmen Sie (sofern möglich mit der Gruppe) das gegenwärtige Arbeitsziel und den Stand des Gruppenprozesses, ehe Sie ein Interaktionsspiel anwenden. Versuchen Sie eine klare Indikation.
- Geben Sie der Gruppe in großen Zügen das Ziel bekannt, das Sie mit dem Interaktionsspiel erreichen wollen.
- Beachten Sie, wie bereit die Gruppe für die Risiken und Belastungen eines Interaktionsspiels ist.
- Lassen Sie immer genug Zeit für die Auswertungsphase. Wenn Sie einmal nicht weiterkommen, dann sagen Sie es offen.
- Die Interaktionsspiele in diesem Heft sind Werkzeuge aus dem Bereich der humanistischen Psychologie. Wir bitten Sie, die Interaktionsspiele (wie alle „neuen" Werkzeuge) vorsichtig und mit Respekt zu verwenden und unter Berücksichtigung Ihrer eigenen Kompetenz.

Dringend empfehlen wir Ihnen das ausführliche Studium des „Handbuchs für Gruppenleiter. Zur Theorie und Praxis der Interaktionsspiele" (ISBN 978-3-89403-099-5). Sie können mit diesem Buch Ihr Verständnis des Gruppenprozesses vertiefen, sich auf einen konstruktiven Umgang mit Störungen vorbereiten und ein breites Spektrum von Interventionstechniken kennenlernen.

Klaus W. Vopel

Kapitel 1
Akzeptierung
und Angstabbau
in der Anfangsphase

Wie heißt du?

(Internationale Folklore)

Ziele: In neu zusammengetretenen Gruppen ist für mich das erste Problem: Wie kann ich als Gruppenleiter möglichst schnell die Namen aller Teilnehmer lernen, um jeden Einzelnen unmittelbar anreden zu können? Dieses lustige Spiel gibt mir dazu eine ausgezeichnete Gelegenheit – und den Gruppenmitgliedern auch.

Wenn eine große Zahl von Teilnehmern die Namen der Übrigen kennt, dann wird die Kommunikation schneller lebendig. Mit einer Gruppenkommunikation, die nicht nur zwischen dem Gruppenleiter und einigen wenigen Teilnehmern hin- und hergeht (oder zwischen einem Star-Teilnehmer und einigen anderen), sondern die eine Vielzahl wechselnder Gruppenmitglieder einbezieht, entwickelt sich eine relativ hohe Kohäsion der Gruppe am Anfang.

Dieses Spiel entspannt paradoxerweise gerade durch die Gedächtnisanspannung und lockert die Atmosphäre.

Teilnehmer: Ab 8 Jahren. Die Gruppengröße ist beliebig.

Zeit: Für eine Gruppe mit 20 Teilnehmern brauchen Sie ca. 15 Minuten.

Spielanleitung: Ich möchte euch allen Gelegenheit geben, rasch die Namen der anderen Gruppenmitglieder zu lernen. Für mich ist das am Anfang einer Gruppe immer das erste Ziel, das ich verfolge. Es gibt mir etwas Sicherheit, wenn ich weiß, wie die anderen heißen. Vielleicht geht es euch ähnlich. Zum Namenlernen schlage ich deshalb das folgende Spiel vor:

Ich werde gleich meinen Namen sagen und nach einer kurzen Pause sagt dann bitte mein rechter Nachbar seinen Namen langsam und deutlich und wiederholt anschließend meinen Namen. Danach geht es immer so weiter: Jeweils der rechte Nachbar stellt sich vor und wiederholt dann die Namen aller derjenigen, die sich bereits vorgestellt haben. Wenn ihr euch an den Namen eines Gruppenmitgliedes nicht mehr erinnern könnt, dann fragt den Betreffenden; wiederholt danach den Namen noch einmal und macht weiter. Bitte achtet darauf, dass ihr nicht nur mechanisch die Namen in euren Computer aufnehmt; versucht vielmehr, jeden Namen mit der Person zu verbinden. Ich werde jetzt mit dem Spiel beginnen…

Achtung: Da Sie selbst das Spiel starten, haben Sie die geringste Chance, alle Namen wirklich zu lernen. Sie sollten deshalb am Ende des Kreises selbst noch einmal alle Namen wiederholen.

Auswertung: Eine richtige Auswertung im üblichen Sinne empfehle ich hier nicht. Sie können allerdings fragen, ob jemandem etwas dabei aufgefallen ist. Wenn daraufhin einige Beobachtungen genannt werden, ist es gut – wenn nicht, fahren Sie mit Ihrem Programm fort.

Erfahrungen: Das ist ein Spiel, bei dem keine Pannen auftreten können. Es ist für jeden gruppendynamischen Anfänger und für jede Gruppe problemlos. ❑

34

Sprichwörter

(K.W.Vopel nach einer Anregung von J. Stevens)

Ziele: Das Spiel vermittelt – besonders in der Anfangsphase einer Gruppe – relativ viel Sicherheit durch die Intimität der Paarverbindung und die Möglichkeit, sich längere Zeit auf einen Partner zu konzentrieren. Beide Partner lernen sich auf einer verhältnismäßig persönlichen Ebene kennen: Die Sprichworte bringen in der Regel ein wichtiges Lebensthema zur Sprache. Das anschließende Gespräch im Plenum macht alle Gruppenmitglieder miteinander bekannt.

Teilnehmer: Alle ab 16 Jahren. Die Gruppengröße ist beliebig. Im Blick auf die Weiterverarbeitung der Spielerfahrungen im Plenum sollte die Gruppe nicht mehr als 20 Teilnehmer haben.

Zeit: Sie brauchen 25 Minuten für das Spiel selbst. Für die anschließende Auswertung müssen Sie noch einmal mit ca. 60 Minuten rechnen.

Spielanleitung: Ich möchte euch Gelegenheit geben, zunächst nur einen Partner aus der Gruppe besser kennenzulernen, damit ihr ihn später den anderen vorstellen könnt.

Wählt jetzt bitte einen Partner, auf den ihr neugierig seid...

Bitte verteilt euch im Raum; setzt euch einander gegenüber und betrachtet euch schweigend...

Jetzt lasst euch irgendein Sprichwort einfallen...

Sagt einander das erste Sprichwort, das euch jeweils eingefallen ist...

Nun möchte ich, dass ihr mit einem der beiden Sprichwörter etwas experimentiert. Nehmt euch eine Minute Zeit, um zunächst zu entscheiden, welches der beiden Sprichwörter ihr für dieses Experiment gebrauchen möchtet...

Jetzt schließt bitte die Augen... Sagt das Sprichwort im Stillen zu euch selbst ein paarmal mit unterschiedlicher Betonung. Versucht dabei, den Inhalt des Sprichworts möglichst intensiv zu erfahren.

Wenn das Sprichwort zum Beispiel heißt: „Ein rollender Stein setzt kein Moos an", dann werdet in eurer Phantasie dieser Stein und seht, was passiert, wenn ihr rollt. Was tut ihr als dieser Stein? – Wie rollt ihr? – Wohin rollt ihr? – Möchtet ihr einen Augenblick verweilen und etwas Moos ansetzen? – Oder wollt ihr rollen und hasst das Moos?

Nehmt euch ein wenig Zeit, um euch in vollem Maße bewusst zu werden, wie ihr euer ausgewähltes Sprichwort erfahrt…

Geben Sie den Teilnehmern ca. 4 Minuten Zeit.

Jetzt öffnet die Augen und sagt eurem Partner im Einzelnen, was dieses Sprichwort für euch bedeutet, und zwar auf dem Hintergrund dieser Phantasieerfahrung…

Nachdem ihr das beide gemacht habt, nehmt euch etwas Zeit, um die Unterschiede und Gemeinsamkeiten herauszufinden hinsichtlich dessen, was dieses Sprichwort für jeden von euch bedeutet… (4 Min.)

Jetzt schließt bitte wieder die Augen und denkt an das zweite Sprichwort, das ihr eben nicht ausgewählt habt…

Wiederholen Sie die entsprechenden Anweisungen.

Ich möchte jetzt, dass ihr euch alle wieder im Kreis zusammensetzt und dass die Partner dieses Experiments nebeneinander sitzen… Ich werde euch gleich auffordern, dass ihr euren Partner der Gruppe vorstellt, indem ihr das ausdrückt, was euch bei dem Experiment über den anderen bewusst geworden ist. Bitte stellt euch hinter euren Partner und erzählt, was beide Sprichwörter für ihn bedeutet haben. Berichtet weiter, was ihr sonst an ihm beobachtet habt und welche Empfindungen ihr dem Partner gegenüber habt. Jeder kann seinen Partner etwa zwei Minuten lang vorstellen, nicht länger. Habt ihr noch Fragen?… Wer fängt an?…

Achten Sie darauf, dass die angegebene Zeit nicht überschritten wird. Das ist für viele Teilnehmer eine gute Übung, sich konzentriert auszudrücken. Die zeitliche Begrenzung ist in der Regel für die Teilnehmer auch angstmindernd.

Auswertung:

○ Wie fühlte ich mich bei dem Experiment?

○ Was sagt mein Sprichwort über mich und mein Leben?

○ Enthält es ein „Lebensthema"? Wenn ja, welches?

○ Haben andere Teilnehmer dasselbe oder ein ähnliches Sprichwort genannt?

○ Wie habe ich meinen Partner der Gruppe vorgestellt?

○ Konnte ich mich in der begrenzten Zeit klar ausdrücken?

○ Welchen Teilnehmer habe ich besonders gut kennengelernt?

○ Auf welchen anderen Teilnehmer bin ich neugierig geworden?

Erfahrungen: Dieses Spiel ist gut geeignet für die erste oder eine der ersten Sitzungen im Leben einer Gruppe. Auf spielerische und lockere Weise können die Teilnehmer miteinander in einen häufig intensiven Kontakt kommen. ❏

Paar-Interview
(nach P. Werdell)

Ziele: Das Interview bietet eine gute Einführung für aufgabenorientierte Gruppen, Tagungen, Konferenzen etc., bei denen einander unbekannte Teilnehmer zusammenkommen. Der Zweierkontakt gibt jedem Teilnehmer die Möglichkeit, wenigstens ein anderes Gruppenmitglied intensiver kennenzulernen und auf diese Weise das für die meisten Menschen ängstigende Gefühl zu überwinden, allein in einer Gruppe von Fremden zu sein.

Zugleich bekommt jeder Teilnehmer die Gelegenheit, sich über die eigene augenblickliche intellektuelle und emotionale Situation (Wo bin ich jetzt?) sowie über den Gegenstand der Gruppenaktivität (Was will ich hier?) klarzuwerden.

Teilnehmer: Ab 14 Jahren. Die Gruppengröße ist beliebig.

Material: Zwei Exemplare des Formulars „Paar-Interview" für jeden Teilnehmer und ein Kohlepapier, das dazwischengelegt werden soll.

Zeit: Sie brauchen ca. 60 Minuten.

Spielanleitung: Ich möchte euch Gelegenheit geben, die anderen Gruppenmitglieder besser kennenzulernen. Bitte sucht euch einen Partner aus, auf den ihr neugierig seid…

Ich werde euch gleich auffordern, einander anhand eines vorbereiteten Formulars mit sechs Fragen zu interviewen. Der Interviewer hat die Aufgabe, im Laufe des Interviews die auf dem Formular angegebenen sechs Fragen zu stellen und für jede Frage eine Zusammenfassung der Antworten des anderen niederzuschreiben.

Der Interviewer kann zusätzliche Fragen stellen, um den anderen besser zu verstehen, aber er hat nicht das Recht, Zustimmung oder Missbilligung auszudrücken, zu beurteilen oder zu kritisieren, Hilfe oder Ratschläge zu geben. Seine Aufgabe ist es vor allem zuzuhören und aufzunehmen, was der andere zu sagen hat.

Die Fragen für das Interview sind absichtlich offen formuliert; ihr könnt sie so ausführlich beantworten, wie ihr das möchtet.

Nach dem Interview bekommt der Interviewte eine Kopie der aufgeschriebenen Zusammenfassungen. Das Original wird später an die Wand unseres Gruppenraumes geheftet, damit sich auch die anderen Teilnehmer informieren können, was jeder gesagt hat.

Ich möchte, dass jetzt der Kleinere von euch als Interviewer anfängt. Ihr habt für das erste Interview 15 Minuten Zeit…

Jetzt wechselt bitte die Rollen, sodass nun der Größere von euch Interviewer wird. Ihr habt wieder 15 Minuten Zeit…

Nun hängt bitte alle Originale an die Wand… Ihr habt jetzt 10 Minuten Zeit, um euch alle Papiere anzusehen…

Auswertung:
○ Wie habe ich mich bei dem Interview gefühlt?
○ Wie habe ich auf die Art und Weise meines Partners, mich zu interviewen, reagiert?
○ Wessen Antworten haben mich besonders neugierig gemacht?
○ Welche fachlichen und persönlichen Ressourcen haben wir in der Gruppe?
○ Wie breit ist das Spektrum der Lernbedürfnisse bzw. der Arbeitsziele?
○ Sehe ich für mich eine Möglichkeit, meine Ziele in dieser Gruppe zu erreichen?
○ Wie können die verschiedenen Ziele integriert werden? Was kann ich dazu beitragen?

Erfahrungen: Das Interview hilft den Gruppenmitgliedern meistens, sich an fremde Menschen zu gewöhnen. Es ist wenig Angst auslösend. Das Anheften der Zettel gestattet jedem vor der Plenumssitzung, die Erwartungen anderer mit den eigenen zu vergleichen; Ihnen als Gruppenleiter gibt es die Chance, sich konkret auf die gemeinsame Planung vorzubereiten bzw. Ihre bisherige Vorplanung mit den aktuellen Teilnehmerwünschen zu vergleichen. ❏

Paar-Interview

Bitte interviewe deinen Partner zu folgenden Fragen und notiere eine Zusammenfassung seiner jeweiligen Antworten.

1. Was ist die beglückendste Erfahrung, die du je hattest?

....

....

2. Welche Umgebung findest du am angenehmsten?

....

....

3. Wenn du genügend Geld hättest, was würdest du am liebsten tun?

....

....

4. Welche Fähigkeiten und Fertigkeiten hast du?

....

....

5. Was möchtest du hier lernen bzw. woran möchtest du arbeiten?

....

....

6. Wie kannst du diese Ziele (Punkt 5) erreichen?

....

....

Befragter.......................... Fragender.......................... Datum................

36

Auftauen
(K.W.Vopel)

Ziele: Dies ist ein Interaktionsspiel, das die Gruppenmitglieder im Hand-umdrehen miteinander bekannt macht unter weitgehender Ausschaltung ihres „Computers". Der Körper wird einbezogen und das in der Gruppe verfügbare Energiequantum spürbar erhöht.

Teilnehmer: Ab 6 Jahren. Die Gruppengröße ist beliebig.

Zeit: Sie brauchen 5 Minuten für das Spiel selbst. Hinzu kommt eine kurze Auswertung.

Raum: Sie brauchen genügend Platz – ca. 1,5 qm pro Teilnehmer.

Spielanleitung: Ich möchte euch dadurch miteinander bekannt machen, dass ihr richtig in Bewegung kommt.

Bitte sprecht bei diesem Experiment nicht in eurer normalen Art und Weise – es sind nur einzelne Töne erlaubt. Wichtig ist jedoch, dass ihr euch kräftig bewegt.

Steht jetzt auf und schiebt Stühle und Tische zur Seite, damit in der Mitte des Raumes ein großer freier Platz entsteht...

Fangt an, langsam durcheinander zu gehen. Schaut dabei vor euch auf den Boden... (30 Sek.)

Stellt euch vor, dass ihr uralte Leute seid, ungefähr 98 Jahre alt... Wenn ihr einem anderen Greis begegnet, schaut euch an und grüßt euch durch Kopfnicken... (15 Sek.)

Jetzt werdet langsam jünger, geht wie rüstige Achtziger... Wenn ihr wollt, grüßt andere mit der rechten Hand... (15 Sek.)

Jetzt werdet langsam wieder jünger; geht wie gut erhaltene Siebziger. Grüßt andere mit der linken Hand... (15 Sek.)

Werdet nun noch etwas jünger, geht wie rüstige Sechziger... Schüttelt anderen beide Hände... (15 Sek.)

Jetzt geht wie knackige Fünfzigjährige; schlagt anderen freundschaft-lich auf die Schulter... (15 Sek.)

Jetzt bewegt euch wie vitale Vierziger; gebt anderen einen Klaps an einer weniger gebräuchlichen Stelle... (15 Sek.)

Jetzt bewegt euch wie rasante Dreißigjährige; berührt andere kurz, lasst euch selbst auf keinen Fall berühren… (15 Sek.)

Jetzt stoppt und bleibt starr stehen, wo ihr gerade seid… (10 Sek.)

Jetzt werdet wilde Twens; lauft schnell durcheinander und zieht andere am linken Ohr; lasst euch aber auf keinen Fall bei dieser Gelegenheit erwischen… (15 Sek.)

Jetzt stoppt und bleibt wieder starr stehen… (10 Sek.)

Jetzt lauft durcheinander wie unzähmbare Teenager… Werdet schneller… noch schneller… vermeidet Kollisionen… werdet schneller… immer noch schneller…

(Und wenn die Geschwindigkeit den zur Zeit möglichen Gipfel erreicht hat, rufen Sie:)

Stopp! Bleibt stehen und erstarrt… Bleibt einen Augenblick so stehen und schließt die Augen… Was empfindet ihr?…

Jetzt öffnet wieder die Augen und geht zurück auf euren Platz im großen Kreis…

Auswertung:

○ Wann fühlte ich mich am wohlsten? Wann fühlte ich mich am wenigsten wohl?

○ Was hat zu meinem Wohlbefinden beigetragen?

○ Habe ich mich über jemanden geärgert?

○ Habe ich mich über jemanden gefreut?

○ Wie alt fühle ich mich jetzt (im psychologischen Sinne)?

○ Was ist normalerweise mein psychologisches Alter – im Gegensatz zu meinem biologischen Alter?

Erfahrungen: Dieses Spiel „hilft dem Opa auf das Fahrrad". Die angegebenen Zeiten sind sinnvolle Durchschnittswerte. Stimmen Sie die Zeiten für die einzelnen Bewegungsphasen ab auf die spezifische Situation in Ihrer Gruppe. Zu lange Phasen führen zu einer Senkung des Aktivierungsniveaus. ❏

Wer bist du?

(Encountertradition)

Ziele: Dieses Spiel hat die Aufgabe, jeden Teilnehmer in der Anfangs-phase einer Gruppe mit sechs weiteren Gruppenmitgliedern bekannt zu machen und ihm Gelegenheit zu geben, so viel Offenheit zu riskieren, wie er möchte.

Teilnehmer: Ab 14 Jahren. Die Gruppengröße ist beliebig.

Zeit: Sie brauchen ca. 35 Minuten für das Experiment selbst. Bei ca. 20 Teilnehmern müssen Sie mit einer anschließenden Auswertungsdiskus-sion von ungefähr 30 Minuten rechnen.

Spielanleitung: Ich möchte euch Gelegenheit geben, einander etwas kennenzulernen. Jeder wird Kontakt mit sechs Gruppenmitgliedern haben können, und zwar mit jedem für jeweils fünf Minuten. Ich möchte, dass ihr in dieser Zeit versucht, möglichst viel über den anderen herauszube-kommen. Achtet dabei darauf, dass ihr keine „Arbeitsteilung" einführt, bei der sich einer auf das Fragen spezialisiert, während der andere vor-zugsweise antwortet.

Steht jetzt auf und geht durcheinander im Raum umher…

Ich werde euch gleich auffordern, euch einen Partner auszuwählen, auf den ihr neugierig seid. Wählt euch jetzt den Partner… Stellt euch nun gegenseitig die Frage:

WER BIST DU ?

Ihr habt fünf Minuten Zeit für diese kleine Unterhaltung…

Verlasst nun diesen Partner und geht wieder umher…

Sucht euch noch einen Partner, dem ihr wieder die Frage stellt: „Wer bist du?" Ihr habt dann wieder fünf Minuten Zeit für die Mini-Interviews…

Nun trennt euch wieder und geht allein umher…

Wählt euch einen dritten Partner, dem ihr die Frage stellt: „Wer bist du?" Wieder habt ihr fünf Minuten Zeit für diesen Kontakt…

Jetzt verlasst auch diesen Partner wieder, geht allein weiter… Die nächste Frage, die ihr einem anderen Gruppenmitglied stellen sollt, lautet:

WAS SIND DEINE STARKEN SEITEN – PRIVAT UND BERUF-LICH?

Sucht euch jetzt einen Partner, auf dessen Antwort ihr neugierig seid. Ihr habt für dieses wechselseitige Interview fünf Minuten Zeit…

Verlasst diesen Partner und geht wieder umher…

Die nächste Frage, die ihr einem anderen stellen sollt, heißt: WAS SIND DEINE SCHWÄCHEN – PRIVAT UND BERUFLICH?

Sucht euch einen Partner, dem ihr diese Frage stellen möchtet… Wieder stehen euch fünf Minuten zur Verfügung, um einander zu befragen…

Bitte verlasst diesen Partner und geht ein letztes Mal allein umher… Jetzt habt ihr Gelegenheit, euch über das Maß eurer Offenheit, die ihr hier gezeigt habt, bewusst zu werden. Die letzte Frage lautet deshalb: WAS HAST DU BISHER NICHT GESAGT?

Sucht jetzt den Partner, mit dem ihr diese Frage gern besprechen wollt… Lasst euch wieder fünf Minuten Zeit…

Im Anschluss an diese Mini-Interviews können Sie einen kurzen Erfahrungsaustausch anregen und dann mit dem weiteren Programm fortfahren.

Auswertung:

○ Wie habe ich mich bei den Interviews gefühlt?

○ Wann fühlte ich mich am wohlsten? Wann am unbehaglichsten?

○ Welche Gemeinsamkeiten habe ich zwischen mir und meinen Partnern festgestellt?

○ Fiel es mir leichter, Stärken zu berichten als Schwächen? War es umgekehrt?

○ Hatte ich bei der letzten Frage noch große „Nachträge" zu machen? Welche?

○ Wem bin ich bei der Partnerwahl aus dem Wege gegangen?

○ Habe ich die Partner, die ich wählen wollte, erreicht?

○ Auf welche Teilnehmer bin ich im Augenblick am neugierigsten?

○ Was verbindet mich mit anderen Teilnehmern? Was trennt mich von ihnen?

Erfahrungen: Dies ist ein wenig belastendes Spiel, das auch für gruppendynamisch unerfahrene Gruppen gut geeignet ist. Die Teilnehmer werden auf eine viel Sicherheit gewährende Weise miteinander bekannt. Jeder kann dabei so viel von sich sagen, wie er möchte. ❑

Tiere

(K.W.Vopel)

Ziele: Die Gruppenmitglieder lernen sich durch dieses Imaginationsspiel schnell kennen. Sie erfahren wesentliche Aspekte über ihre eigene momentane Situation und bekommen einen wenig auf soziale Erwünschtheit abgestimmten authentischen Eindruck von der Persönlichkeit anderer.

Teilnehmer: Ab 14 Jahren.

Zeit: Sie brauchen zwischen 30 und 60 Minuten.

Spielanleitung: Bitte schließt die Augen. Ich möchte euch zu einem kleinen Phantasiespiel einladen, das euch helfen kann, Kontakt zu euch selbst und zu anderen zu gewinnen...

Setzt euch bequem hin...

Stellt euch vor, ihr schaut auf eine kleine abgedunkelte, weiße Leinwand...

Langsam wird die Leinwand heller... Gleich werdet ihr ein Tier sehen, das ihr selbst seid... (30 Sek.)

Versucht, das Tier genau zu erkennen... Wie sieht es aus?...

Welche Körperhaltung hat es?... In welcher Umgebung ist das Tier?... Mögt ihr das Tier streicheln?... Gebt ihr ihm etwas zu fressen?... Wie reagiert das Tier?... (30 Sek.)

Sagt dem Tier Adieu... Behaltet es im Gedächtnis und kommt langsam mit eurer Aufmerksamkeit zur Gruppe zurück... (30 Sek.)

Wenn alle die Augen wieder geöffnet haben, können Sie mit der Auswertung beginnen. Jeder Teilnehmer soll in einem Rundgang zunächst berichten, was er gesehen hat.

Auswertung:
○ Wie habe ich mich bei dem Experiment gefühlt?
○ Was für ein Tier habe ich gesehen?
○ Was waren seine wesentlichen Charakteristika?
○ Wie fühlte sich das Tier in seiner Umgebung?
○ Welche Gefühle hatte das Tier mir gegenüber?
○ Welche Gefühle hatte ich dem Tier gegenüber?
○ Wollte ich das Tier streicheln und füttern? Wie reagierte es?

○ Drückt das Tier irgendetwas von dem aus, was ich selbst zur Zeit denke und fühle, hoffe und fürchte? Wenn ja, was?

Erfahrungen: Wenn die Teilnehmer ihre spontane Bildproduktion nicht manipulieren, dann werden durch das Medium des Tieres wesentliche Aspekte der augenblicklichen psychischen Verfassung des Einzelnen sichtbar. Vermeiden Sie, dass Sie selbst oder Teilnehmer die Tierbilder interpretieren.

Wenn der eine oder andere Teilnehmer Schwierigkeiten hatte, ein Tier zu sehen, dann geben Sie ihm die Information, dass ihm ein solches Imaginationsexperiment wahrscheinlich beim zweiten oder dritten Mal glücken wird. ❏

Kapitel 2
Wahrnehmen
und
Kommunizieren

Kontakt und Kommunikation

(K.W.Vopel nach einer Anregung aus dem Improvisationstheater)

Ziele: Viele Menschen, die mit einer größeren Anzahl anderer kommunizieren müssen, bekommen es mit der Angst zu tun; sie versuchen, den Kontakt zu der ihnen bedrohlich erscheinenden Menschenmenge dadurch abzuschwächen, dass sie die Leute nicht richtig anschauen, sondern anstarren, indem sie durch die anderen hindurchschauen. Auf diese Weise wird der visuelle Kontakt verhindert – der Betreffende sieht dann nicht, wenn zum Beispiel ein Gruppenmitglied die Stirn runzelt oder ein anderes ihn anlächelt usw. Vor solchen „Ablenkungen" hat er sich geschützt – der Preis, den er dafür zahlt, ist Isolation. Er sieht sozusagen mit geschlossenen Augen.

Wir kennen alle Erwachsene, die auf solche Weise „starren": Lehrer, Chefs etc. – aber leider auch Kinder und Jugendliche, die nicht richtig hinschauen.

Dieses Interaktionsspiel hat das Ziel, eine Gruppe auf die Wichtigkeit des Blickkontakts im Rahmen eines Kommunikationsexperiments aufmerksam zu machen, um in der Gruppe eine lebendige, Beziehung herstellende Kommunikation zu ermöglichen. Ein Teil der Gruppe erprobt das Experiment, der Rest ist griechischer Chor (der beobachtet und hinterher Feedback gibt). Das Experiment kann in einer Sitzung ein paarmal wiederholt werden; in einer langfristig zusammenarbeitenden Gruppe sollte es von Zeit zu Zeit immer wieder neu durchgespielt werden.

Teilnehmer: Ab 10 Jahren, auch für gruppendynamisch unerfahrene Gruppen gut geeignet. Die Gruppengröße ist beliebig, denn unmittelbar am Experiment beteiligt sind jeweils sieben Teilnehmer.

Zeit: Für das Experiment selbst brauchen Sie ca. 15 Minuten.

Spielanleitung: Ich möchte euch heute eine Kommunikationsregel ans Herz legen, die berücksichtigt, dass der Kommunikationsprozess zwischen Menschen nicht nur durch den Austausch von Worten stattfindet, sondern auch durch den Austausch von Körpersignalen, u.a. auch durch den Blickkontakt und durch Berühren.

Während ich jetzt spreche, schaue ich zum Beispiel dich (...) an und versuche herauszufinden, wie du meine Erklärung auffasst. Viele Leute vermeiden es, ihre Gesprächspartner anzuschauen, statt dessen starren sie durch sie hindurch oder ganz woanders hin. Beim Anstarren habt ihr „tote" Augen, ihr habt einen Vorhang vor den Augen heruntergelassen, der euch von den Kommunikationspartnern isoliert. Ihr bekommt nicht mehr mit, welche angenehmen bzw. unangenehmen Signale die Partner euch senden. Meist ist euer Körper dabei ziemlich steif – es ist eine Art von Totstellreflex, der vom Gegenüber verschieden aufgefasst wird: Du bist Luft für mich – Bitte tu mir nichts. – Ich langweile mich etc.

Die derart angestarrten Personen reagieren darauf nach längerer Zeit entsprechend. Sie schalten ab und werden auch steif bzw. schläfrig oder gereizt. Um solche Langweiler-Kommunikation in unserer Gruppe zu vermeiden, beachtet bitte folgende Regel:

WENN DU SPRICHST, DANN HALTE MÖGLICHST VIEL BLICKKONTAKT.

Wenn du die ganze Gruppe ansprichst, dann nimm mit immer anderen Gruppenmitgliedern Blickkontakt auf.

Wenn ihr diese Regel beachtet, ist die Gefahr gering, dass ihr über die Köpfe der Leute hinwegredet und als Langweiler empfunden werdet.

Ich möchte jetzt Einzelnen Gelegenheit zum Experimentieren mit dieser Kommunikationsregel geben. Gibt es einen Freiwilligen, der seine Kontaktfähigkeit im Kommunikationsprozess mit anderen überprüfen bzw. verbessern möchte?…

(Wenn sich ein Freiwilliger gefunden hat, erklären Sie das Experiment:)

Bitte such dir sechs Leute aus der Gruppe aus, bei denen du deine Kontaktbereitschaft erproben möchtest…

Überlege dir jetzt irgendein Thema, über das du sechs Minuten lang zu den sechs Personen sprechen willst… Du wirst dasselbe machen wie ich jetzt, nämlich Einwegkommunikation praktizieren, d.h. die Mitspieler dürfen nicht reden. Hast du alles verstanden?…

Nun setzen sich die sechs ausgewählten Teilnehmer in der Mitte des großen Kreises hufeisenförmig auf den Boden. Der Freiwillige soll sich dann vor diesen kleinen Halbkreis stellen, sodass alle sechs ihn ansehen…

Nun beginne, über dein gewähltes Thema zu diesen sechs Personen zu sprechen, du hast dir dafür sechs Minuten Zeit… (6 Min.)

Bitte sprich jetzt noch einmal über dasselbe Thema, aber beachte jetzt zwei neue Regeln:

Du hast stets Blickkontakt zu einem deiner Zuhörer.

Du hast stets physischen Kontakt zu mindestens einem deiner sechs Zuhörer.

Physischer Kontakt ist zum Beispiel das hier...

Geben Sie ein konkretes Beispiel.

Hast du mich verstanden?... Dann beginne jetzt... (6 Min.)

Achten Sie darauf, dass beide Kontaktregeln eingehalten werden. Wenn eine Regel unbeachtet bleibt, rufen Sie: Blickkontakt herstellen! – Physischen Kontakt herstellen!

Anschließend findet ein erster Reaktionsaustausch statt, wobei die anderen Gruppenmitglieder, die nicht unmittelbar beteiligt waren, einbezogen werden sollen.

Auswertung:

O Gab es charakteristische Unterschiede zwischen der ersten Ansprache und der zweiten? Wenn ja, welche?

O Stellte der Akteur beim zweiten Mal wirklichen Kontakt zu den Angesprochenen her?

O Wie fühlte sich der Freiwillige in beiden Rede-Situationen? Wann fühlte er sich besser?

O Wie fühlten sich die sechs Angesprochenen? Wann fühlten sie sich besser?

O In welchem Ausmaß stelle ich normalerweise Blickkontakt bzw. physischen Kontakt beim Sprechen her? Wann gelingt mir das besonders leicht?

O Welche Konsequenzen möchte ich aus diesem Experiment für mich ziehen?

Erfahrungen: Ich mag dieses Interaktionsspiel sehr gern und arbeite erfolgreich damit. Ich hoffe, dass es vor allem (rechtzeitig!) in den Schulen praktiziert wird. Übrigens: Wollen Sie das Experiment nicht zunächst einmal selbst ausprobieren mit einigen Freunden oder Kollegen? ❏

Handlesen
(G. W. Smith)

Ziele: Dieses Spiel gibt den Beteiligten die Gelegenheit, ihr Wahrnehmungsvermögen zu üben, und zwar visuell und taktil. Sie können so spielerisch erfahren, dass auch unsere Sinne und die durch sie vermittelten Wahrnehmungen einen zum Teil vorher nicht für möglich gehaltenen Zugang zu anderen schaffen.

Teilnehmer: Ab 14 Jahren. Die Teilnehmer sollten sich einigermaßen gut kennen und etwas Bereitschaft zum „Risiko" haben.

Zeit: Für das Experiment selbst brauchen Sie ca. 15 Minuten.

Spielanleitung: Ich möchte euch ein Wahrnehmungsexperiment vorschlagen, das euch helfen kann, einige eurer „Antennen" zum Empfang von Signalen aus der sozialen Welt besser einzusetzen. Mit Antennen meine ich eure Augen und eure Hände.

Sucht euch einen Partner, den ihr gern besser kennenlernen wollt…

Verteilt euch paarweise im Raum… Setzt euch einander gegenüber und schaut euch schweigend an…

Ich werde euch gleich auffordern, dass einer von euch damit beginnt, vorsichtig die Hände des Partners zu erkunden: Dieser schließt dabei seine Augen und überlässt dem anderen so passiv wie möglich seine Hände. Bitte entscheidet, wer von euch als erster die Hände des Partners erkunden soll…

Beginnt jetzt… Erforscht sorgfältig die Hände eures Partners, indem ihr sie berührt und betrachtet… Untersucht die Finger, die Daumen, die Handflächen und Handrücken… (30 Sek.)

Lasst euch Zeit… (30 Sek.)

Nehmt euch vor, dass ihr so viel wie möglich über den Partner erfahren möchtet… Wie unterscheidet sich seine rechte Hand von seiner linken?… Gibt es irgendwelche besonderen Merkmale an den Händen?… Achtet auch darauf, ob sich die Hände eures Partners im Laufe der Zeit entspannen können… (90 Sek.)

Lasst nun langsam die Hände eures Partners los…

Sitzt eine Weile schweigend mit geschlossenen Augen und werdet euch bewusst, was ihr gerade empfindet… (30 Sek.)

Bitte wechselt jetzt die Rollen…

Wiederholen Sie nun die Anweisungen in derselben Weise einschließlich der Aufforderung zum anschließenden Schweigen.

Teilt einander nun bitte eure Reaktionen auf das „Handlesen" mit. Was habt ihr wahrgenommen? – Wie fühltet ihr euch dabei? – Was möchtet ihr dem Partner jetzt sagen? – Ihr habt fünf Minuten Zeit für diesen Austausch…

Auswertung:

○ Wie fühlte ich mich bei dem Experiment?
○ Wann fühlte ich mich am wohlsten? Wann war mir eher unbehaglich zumute?
○ Welche Rolle war für mich angenehmer – aktiv die Hände des anderen zu erkunden oder selbst meine Hände erforschen zu lassen?
○ Habe ich an den Händen des Partners etwas wahrgenommen, das neu ist für mich?
○ Was war ergiebiger für mich – die fremden Hände zu sehen oder zu fühlen?
○ Welche gefühlsmäßigen Reaktionen lösten beide Wahrnehmungsweisen für mich aus?
○ Hat sich irgendetwas im Verhältnis zu diesem Partner für mich geändert? Wenn ja, was?
○ Wie lerne ich normalerweise Menschen kennen?
○ Was bedeuten die Hände des anderen Menschen für mich?
○ Was bedeuten meine eigenen Hände für mich?
○ Wozu brauche ich sie in dieser Gruppe?
○ Gibt es irgendwelche Konsequenzen, die ich aus diesem Experiment für mich ziehen möchte?

Erfahrungen: Es gibt immer wieder einzelne Teilnehmer, die bei dieser Form des Handkontakts Schwierigkeiten haben. Es ist wichtig, dass sie bei der Auswertung diese Schwierigkeiten ansprechen können, ohne dass dann von irgendeiner Seite eine Verurteilung oder Zensur erfolgt.

Das Spiel ist für die Gruppenkohäsion recht konstruktiv. Es führt die Teilnehmer der Gruppe gefühlsmäßig näher zusammen.

Schlagen Sie es nicht zu früh im Leben einer Gruppe vor! ❏

**Kapitel 3
Aktivierung
bei Müdigkeit
und Unlust**

41

Blitzlicht

(Encountertradition)

Ziele: „Blitzlicht" hat das Ziel, jedem Gruppenmitglied Gelegenheit zu geben, in komprimierter Weise das der Gruppe mitzuteilen, was er im Augenblick seines Sprechens im Bewusstsein registriert, also zum Beispiel ein Gefühl („Ich bin müde"), einen Wunsch („Ich will das Thema wechseln"), eine Befürchtung („Ich habe Angst, der Aufgabe nicht gewachsen zu sein"), eine Reaktion auf ein anderes Gruppenmitglied („Harald geht mir mit seinen Anspielungen auf die Nerven") etc.

Auf diese Weise können sich alle ausdrücken, auch diejenigen, die vorher geschwiegen haben. Es wird deutlich, wo jeder Einzelne steht. Vorher nicht ausgesprochene Störungen, unterdrückte wichtige Reaktionen, wesentliche Ideen oder zurückgehaltene Gesprächsbeiträge können so ausgesprochen werden; die zum Teil beschwichtigten Reste aus der Gruppeninteraktion kommen ans Tageslicht.

Der Gewinn dieses Experiments: Diejenigen, die etwas Wichtiges zu sagen haben, sind erleichtert und für die weitere Interaktion nicht blockiert. Das allgemeine Bedürfnis nach Transparenz im Gruppenprozess („Was denkst und fühlst du?") wird befriedigt. Der Gruppenleiter kann sich vergewissern, wieweit er wirklich in Kontakt mit den Gruppenteilnehmern ist. Insgesamt ist dieses Spiel eine der wichtigsten Hilfen zur Wiedergewinnung der Gruppenkohäsion. Mangelnde Gruppenkohäsion erkennen Sie an einer leblosen und eher langweiligen Gruppenarbeit, bei der nur wenige Teilnehmer partizipieren.

Teilnehmer: Alle ab 8 Jahren.

Zeit: Jeder benötigt für seinen Beitrag zwischen 10 und 60 Sekunden. Das Blitzlicht darf sich nicht zu einem Dauerbrenner entwickeln, bei dem einzelne Teilnehmer lange Geschichten erzählen, dann erzeugt das Spiel selbst Langeweile und Störungen.

Spielanleitung: Ich möchte euch eine Runde „Blitzlicht" vorschlagen, bei dem jeder Folgendes tut:

Jeder sagt in einem Rundgang in möglichst nur einem Satz der Gruppe, was im Augenblick in seinem Bewusstsein ist, was er gerade denkt, fühlt, möchte etc. Haltet keine langen Ansprachen, denn dieses Spiel hat die

Aufgabe, jeden zu einer Positionsangabe zu bewegen. Auf diese Weise bekommt jeder Teilnehmer eine Gesamtübersicht über den Zustand hier in unserer Gruppe. Jeder weiß dann, was die anderen beschäftigt.

Ich möchte, dass mein rechter Nachbar anfängt, danach dessen rechter Nachbar fortfährt usw...

Auswertung:
○ Gibt es eine Störung in der Gruppe, die ich ausführlicher besprechen möchte?
○ Sind wichtige Bedürfnisse vernachlässigt worden? Wenn ja, welche?
○ Hat mich ein Beitrag besonders überrascht?
○ Möchte ich, dass etwas geändert wird, damit ich in dieser Gruppe besser mitarbeiten kann?

Erfahrungen: Dieses Spiel gibt dem Gruppenleiter eine ebenso einfache wie wirksame Möglichkeit, in Kontakt mit der Gruppe zu bleiben. Sie müssen allerdings darauf achten, dass die Teilnehmer wirklich ihr Bewusstsein ausdrücken und von sich selbst sprechen.

Sie sollten das Blitzlicht immer dann leuchten lassen, wenn Sie eine Störung in der Gruppe vermuten, wenn Langeweile und Apathie, Unlust und Aggressivität spürbar sind. Auch nach wichtigen Ereignissen in der Gruppe ist das Blitzlicht gut und wichtig. Sie können dieses Spiel unbedenklich immer wieder und regelmäßig anwenden. Ich selbst schließe fast jede Gruppensitzung mit dem Blitzlicht; oft wende ich es auch während einer Gruppensitzung an, wenn ich nicht genau weiß, wo die einzelnen Teilnehmer innerlich stehen. ❏

42

Du bist du

(nach D. Malamud)

Ziele: Hier haben die Teilnehmer eine spielerische Möglichkeit, Spannungen auszudrücken und das Gefühl für die eigene Unabhängigkeit und Souveränität neu zu gewinnen. Die gemeinsame Arbeit in einer Gruppe führt immer wieder zu einem Prozess mehr oder weniger gern geleisteter Anpassung. Dieses Interaktionsspiel bestätigt jedem Gruppenmitglied nachhaltig die Tatsache, dass es ein Individuum mit eigenen Weisen des Denkens und Erlebens, Fühlens und Handelns ist. Das Spiel betont die Notwendigkeit, die Existenz individueller Differenzen anzuerkennen und zu respektieren.

Teilnehmer: Ab 10 Jahren. Teilnehmer, die sich noch wenig kennen, und Gruppen, die sehr steif sind, sollten das Spiel noch nicht probieren. Als Leiter sollten Sie selbst auch einen Sinn für dieses Ritual haben, wenn Sie es der Gruppe vorschlagen. Die Gruppengröße ist beliebig.

Zeit: Sie brauchen 10 bis 20 Minuten.

Spielanleitung: Ich möchte euch ein Ritual vorschlagen, aber diesmal ohne euch vorher zu sagen, wozu es gut ist. Das müsst ihr nachher selbst herausfinden. Versucht zunächst nur, neugierig mitzuspielen…

Stellt euch einmal vor, es gäbe eine neue Religion, die sich über das Land verbreitet. Die Religion hat ein Ritual geschaffen, an dem wir jetzt teilnehmen können. Das Ritual wird ursprünglich in der Familie durchgeführt, und zwar so: Jede Familie kommt an einem Abend in der Woche zusammen und setzt sich in einen Kreis, so wie wir hier. Der Vater guckt herum, wählt ein Familienmitglied aus und sagt zum Beispiel: „Stephan, du bist Stephan und nicht Vater." Stephan sieht den Vater an und sagt: „Ja, Vater, ich bin Stephan und nicht Vater." Jetzt ist Stephan an der Reihe, das Ritual fortzusetzen. Er sieht sich im Familienkreis um und wählt ein Mitglied aus, zum Beispiel: „Oliver, du bist Oliver und nicht Stephan." Oliver antwortet nur: „Ja, Stephan, ich bin Oliver und nicht Stephan." Dann setzt Oliver das Ritual fort usw.

Das religiöse Ritual geht in Wirklichkeit weiter bis zum Morgen, wir wollen es hier nur etwa eine Viertelstunde ausprobieren. Ihr könnt irgendjemanden auswählen, und wenn ihr wollt, könnt ihr einen und denselben

36

Teilnehmer auch mehrere Male ansprechen, aber ihr dürft immer nur diese rituellen Sätze sagen. Ihr könnt Variationen einführen durch unterschiedliche Betonung, verschiedene Tonlagen, begleitende Gesten, Geschwindigkeit etc.

Habt ihr verstanden, wie das geht?...

Bitte beginnen Sie selbst mit dem Ritual. Brechen Sie zu einem geeigneten Zeitpunkt diese Form des Rituals ab und geben Sie Einzelnen, die womöglich noch gar nicht oder zu selten an der Reihe waren, Gelegenheit, die rituellen Sätze „freihändig" auszusprechen.

Auswertung:

○ Wie fühlte ich mich bei dem Ritual? Kam ich mir albern vor?
○ Fand ich genügend Beachtung dadurch, dass ich angesprochen wurde?
○ Was sagt das Spiel über Spannungen zwischen einzelnen Gruppenmitgliedern?
○ Wen anzusprechen war für mich am wichtigsten?
○ Wie fühle ich mich jetzt?
○ In welchen Situationen kann ich in dieser Gruppe von mir sagen, dass ich „ich selbst" bin?
○ Wieweit lasse ich mich hier „fremdbestimmen"?

Erfahrungen: Das Spiel erzeugt in der Regel viel Bewegung und Lebendigkeit. Manchmal hat es eine so große Auswirkung auf die Gruppe, dass die Teilnehmer später von selbst auf diese rituellen Sätze zurückkommen. Schlagen Sie das Spiel vor, wenn die Gruppe „abgeschlafft" ist, vor allem, wenn ein rigider Konformismus die individuelle Entfaltung hindert und die Energien der Gruppenmitglieder lähmt. ❏

43

Tauziehen
(Encountertradition)

Ziele: Dieses Spiel kann müde und blockierte Gruppenmitglieder aktivieren und mit neuer Energie ausstatten, indem es ihnen die Möglichkeit gibt, sich physisch anzustrengen. Zuvor nicht ausgedrückte Spannungen und aggressive Gefühle können durch das Tauziehen – wenigstens zum Teil – ausgedrückt und aufgelöst werden. Die Arbeitskapazität der Gesamtgruppe wird sich in der Regel erhöhen.

Teilnehmer: Ab 10 Jahren, die Gruppengröße ist beliebig.

Zeit: Sie brauchen ca. 10 Mnuten.

Spielanleitung: Ich möchte euch eine kurze Unterbrechung unserer Arbeit vorschlagen und euch zum „Tauziehen" einladen. Das Spiel gibt jedem die Chance, etwas von seinen Spannungen loszuwerden, die sich vielleicht inzwischen angesammelt haben.

Bitte wählt euch einen Partner, mit dem ihr am liebsten einen kleinen Wettkampf machen würdet…

Verteilt euch nun paarweise im Raum und stellt euch einander in einem Abstand von ungefähr einem Meter gegenüber…

Stellt euch vor, ihr haltet ein dickes Schiffstau in der Hand. Jeder von euch hält ein Ende dieses Taus, das ihr straff zwischen euch haltet. Nehmt es in beide Hände… Fühlt ihr das Tau?… Spürt die Hanffasern und die Struktur der einzelnen Seilstränge…

Werdet euch bewusst, dass es ein starkes Tau ist, das sich nicht dehnen lässt. Wenn ihr gleich anfangt zu ziehen und der eine von euch das Tau an sich zieht, muss der andere mitgehen, wenn er das Tau nicht loslässt. Konzentriert euch auf die Bewegungen des Partners und haltet im Auge, dass es ein Hanfseil ist und kein Gummiband. Wenn ihr das beachtet, werdet ihr bemerken, dass auch das Tauziehen mit einem nur vorgestellten Seil richtig anstrengend ist… Bitte fangt jetzt an zu ziehen…

Sie können das Tauziehen entsprechend der Stimmung in der Gruppe durch mehrere Runden strukturieren. Geben Sie am Ende jedem Paar Gelegenheit, sich auszutauschen über ihre Erfahrungen bei dem Spiel.

Auswertung:
- ○ Wie fühlte ich mich bei diesem Experiment?
- ○ Trat bei mir der Gummiband-Effekt auf? Habe ich bzw. hat mein Partner bei den eigenen Bewegungen die Aktion des anderen berücksichtigt?
- ○ Welche Gefühle hatte ich vorher für meinen Partner?
- ○ Was empfinde ich jetzt für ihn?

Erfahrungen: Das Spiel ist nach meinen Erfahrungen ein ausgezeichneter Gruppenaktivator. Es eignet sich in gleicher Weise zum Anwärmen zu Beginn einer Sitzung als auch als kurzes Aktivierungszwischenspiel im Verlauf einer Arbeitseinheit.　　　❑

**Kapitel 4
Entwicklung
von Vertrauen
und Offenheit**

44

Ich trau dir – ich trau dir nicht

(nach Gestalt-Prinzipien)

Ziele: Die Gruppenmitglieder können sich bewusst werden, was sie in der Beziehung zu anderen Teilnehmern bewegt, wieweit sie ihnen vertrauen bzw. misstrauen. Wichtig ist, dass sozusagen beide Seiten der Medaille ins Bewusstsein kommen können. Insgesamt kann durch dieses Gestalt-Spiel das Vertrauensklima in der Gruppe etwas verbessert werden.

Teilnehmer: Ab 10 Jahren. Das Spiel eignet sich auch für Gruppen, die noch wenig gruppendynamische Vorerfahrungen haben. Die Gruppengröße ist beliebig.

Zeit: Sie brauchen ca. 30 Minuten.

Spielanleitung: Ich möchte euch ein Spiel vorschlagen, bei dem jeder drei andere Gruppenmitglieder besser kennenlernen kann. Ihr könnt dabei gemeinsam herausfinden, wieweit ihr euch schon gegenseitig vertraut.

Bitte wählt einen Partner, den ihr gern näher kennenlernen wollt...

Ich möchte, dass die Paare jetzt in der Mitte des Raumes durcheinandergehen. Überlegt gemeinsam mit eurem Partner, mit welchem anderen Paar ihr zusammen ein Quartett bilden wollt...

Verteilt euch jetzt im Raum und setzt euch in den Quartetten zusammen... Ich werde euch gleich auffordern, Folgendes zu tun:

Nacheinander wird jedes Mitglied in dem Quartett mit jedem der anderen drei kommunizieren, indem er folgende Satzanfänge vervollständigt:

ICH KANN KONTAKT MIT DIR AUFNEHMEN, INDEM ICH...

ICH KANN KONTAKT MIT DIR VERMEIDEN, INDEM ICH...

Wenn jedes Quartettmitglied die Kontaktsätze vervollständigt hat, wird ein weiterer Satzanfang an die Reihe kommen.

Habt ihr mich so weit verstanden?... Dann beginnt jetzt...

Überzeugen Sie sich vor dem nächsten Schritt, dass alle Quartette den ersten Teil des Experiments abgeschlossen haben.

Jetzt soll jeder von euch nacheinander mit den anderen Gruppenmitgliedern seiner Kleingruppe dadurch kommunizieren, dass er folgende Sätze vervollständigt:

ICH TRAUE DIR, WEIL...

ICH TRAUE DIR NICHT, WEIL...

Erst wenn jeder von euch seine Vertrauenssätze vervollständigt hat, tauscht eure Reaktionen auf dieses Spiel miteinander aus...

Da ein Teil der Auswertung dieses Spiels in den Quartetten stattfindet, sollte die Auswertung im Plenum nur kurz sein.

Auswertung:

○ Wie habe ich mich bei diesem Kommunikationsexperiment gefühlt?

○ Auf welche Weise vermeide ich in dieser Gruppe Kontakt?

○ Was ist an mir vertrauenerweckend, was nicht?

○ Gibt es ein „Muster" für meine eigenen Vertrauensbedürfnisse?

○ Welche meiner Bedürfnisse müssen auf jeden Fall erfüllt sein, damit ich Vertrauen haben kann?

○ Was kann ich tun, um das Vertrauenspotenzial in dieser Gruppe zu vergrößern?

○ Wem vertraue ich hier am meisten? Wem vertraue ich hier am wenigsten?

Erfahrungen: Sie haben hier ein sehr nützliches und wenig belastendes Vertrauensspiel, das sich für alle Stadien der Gruppenentwicklung eignet. Die Kommunikation in den Vierergruppen gibt ziemlich viel Sicherheit. ❏

Straßenkarte deines Lebens

(nach G. I. Brown)

Ziele: Das Vertrauenspotenzial in einer Gruppe hängt zum Teil auch vom Selbstvertrauen der einzelnen Teilnehmer ab. Ich kann anderen um so leichter vertrauen, je mehr ich mich selbst akzeptiere und mir vertraue.

Das folgende Interaktionsspiel hat die Aufgabe, dem einzelnen Gruppenmitglied ein höheres Maß an Selbstakzeptierung zu gestatten, indem es seine intellektuellen und emotionalen Ressourcen bewusster ins Auge fasst. Jeder Teilnehmer kann sich im Verlauf des Spiels mit den existenziellen Fragen beschäftigen: Wo stehe ich jetzt in meiner Entwicklung? – Auf welches Lebensziel möchte ich zugehen? – Was hält mich auf? – Was kann ich zur Erreichung dieses Ziels einsetzen?

Teilnehmer: Ab 16 Jahren. Die Teilnehmer sollten Übung mit Imaginationsexperimenten haben. Gruppengröße: zwischen 15 und 20 Personen.

Zeit: Mit Auswertung benötigen Sie ca. eine Stunde.

Spielanleitung: Ich möchte euch ein Phantasieexperiment vorschlagen, das euch in Kontakt mit wichtigen Zielen bringt, die ihr im Leben verfolgt, sowie mit euren persönlichen Stärken, die ihr einsetzen könnt, um eure Ziele zu erreichen.

Bitte setz dich zunächst einmal bequem hin…

Versuche dich so weit wie möglich zu entspannen…

Schließ jetzt deine Augen und konzentriere dich auf deinen Atem… Versuche ruhig und tief zu atmen; lass deinen Atem kommen und gehen wie die Wellen des Meeres… (60 Sek.)

Jetzt konzentriere dich auf den Menschen, der du gerade bist. Sage eine Reihe von Sätzen zu dir wie zum Beispiel: „Ich bin jetzt ein ziemlich erfolgreicher Mann, der seinen Beruf liebt." – „Ich arbeite gern mit Menschen zusammen, die in meinen Augen tüchtig sind." etc. Sage also zu dir, wie und wer du jetzt bist… (2 Min.)

Konzentriere dich nun auf dein ideales Selbst, auf den Menschen, der du sein könntest, der du gern sein möchtest, wenn alles das, was du hoffst und wünschst, eintritt…

Sag lauter Sätze zu dir wie zum Beispiel: „Ich könnte von vielen Menschen geachtet werden." – „Ich könnte meine Pläne, ein Haus zu bauen, verwirklichen." etc. Erzähle dir also, wie und wer du sein könntest... (2 Min.)

Jetzt zeichne auf der Innenseite deiner Augenlider eine Landkarte. Links ist der Platz, wo du jetzt bist – rechts ist der Ort, wohin du durch deine Entwicklung gern gehen willst, damit du der Mensch sein kannst, der du in Zukunft am liebsten sein möchtest...

In der Mitte der Landkarte wirst du vielleicht einige Hindernisse bemerken, die deinen Weg von links nach rechts blockieren. Werde dir bewusst, worin diese Hindernisse bestehen... (1 Min.)

Versuche möglichst viele Einzelheiten im Blick auf deinen augenblicklichen Standort zu erkennen, auf den gewünschten Standort in der Zukunft sowie auf die Hindernisse, die sich dir in den Weg stellen... Jetzt konzentriere dich auf das, worüber du verfügst, um dorthin zu gelangen, wohin du möchtest. Ruf dir alles vor Augen, was dir dabei behilflich sein kann, dein Ziel zu erreichen: andere Menschen... Dinge... glückliche Umstände... Vor allem Stärken und Qualitäten, die in dir selbst liegen: in deinem Körper... in deinen Sinnen... in deinem Charakter... in deinen Fertigkeiten und Fähigkeiten... (2 Min.)

Bitte öffne in ungefähr einer Minute deine Augen und komm mit deinem Bewusstsein zur Gruppe zurück...

Öffnet jetzt alle eure Augen und schaut euch um; seht die anderen Gruppenmitglieder an...

Möchte einer von euch den anderen erzählen, was er gesehen hat?...

Auswertung:
○ Wie habe ich mich bei dem Experiment gefühlt?
○ Wo stehe ich jetzt?
○ Wohin will ich?
○ Was sind die Hindernisse?
○ Was sind meine Stärken?
○ Wie reagiere ich auf die Berichte der anderen?

Es ist wichtig, dass der Einzelne versucht, sich nach der Identifikation seiner Schwierigkeiten auf seine Ressourcen zu konzentrieren und diese nach Möglichkeit in der Gruppe zur Diskussion zu stellen. Hier kann das vorsichtige und taktvolle Feedback der anderen Teilnehmer eine gute Hilfe sein, zu einer realistischen Einschätzung der eigenen Möglichkeiten zu gelangen.

Erfahrungen: Dieses Spiel kann für unsichere Menschen eine wichtige Erfahrung bedeuten. Wenn ein Gruppenmitglied nicht in der Lage ist, seine Stärken zu sehen oder auszusprechen, können Sie den Betreffenden einladen zu einer STÄRKENBOMBARDIERUNG.

Die betreffende Zielperson setzt sich in die Mitte der Gruppe; die übrigen Teilnehmer sagen ihm alle persönlichen Stärken, die sie an ihm bisher wahrgenommen haben. Wichtig ist, dass die Stärken schnell hintereinander genannt werden, sodass die Zielperson wirklich das Gefühl einer ermutigenden Dusche erhält. Jedes Mitglied kann so oft eine Stärke der Zielperson nennen, wie es will. Die Stärken sollen konkret und knapp formuliert sein. Brechen Sie ab, wenn das positive Feedback nur noch tröpfelt, und leiten Sie dann einen kurzen Reaktionsaustausch ein. ❏

46

Schreckliche Geheimnisse

(Encounter- und Gestalttradition)

Ziele: Die meisten Menschen verwenden einen Teil ihrer psychischen Energie darauf, Geheimnisse zu hüten, die auf keinen Fall anderen preisgegeben werden sollen. In jeder Gruppe werden von den Teilnehmern eine Reihe „schrecklicher" Geheimnisse gehütet, die durchaus den anderen mitgeteilt werden könnten. Statt der erwarteten unangenehmen Konsequenzen wie Missbilligung, Verachtung etc. würde häufig das Gegenteil eintreten: Die Offenheit des Betreffenden würde als Vertrauen geschätzt und könnte als Katalysator für zunehmende Offenheit auch bei anderen wirken. Das folgende Vertrauensspiel kann den Teilnehmern helfen zu testen, ob irgendwelche ihrer Geheimnisse doch mitteilbar sind.

Teilnehmer: Ab 16 Jahren. Dieses Spiel sollten Sie nur in Gruppen vorschlagen, deren Teilnehmer genügend Vertrauen zueinander und zu Ihnen entwickelt haben. Nach Möglichkeit sollten nicht mehr als 14 Teilnehmer in der Gruppe sein. Teilen Sie größere Gruppen auf.

Zeit: Sie müssen bei 15 Teilnehmern mit 90 bis 120 Minuten rechnen.

Material: Für jeden Teilnehmer Papier und Bleistift.

Spielanleitung: Das folgende Spiel gibt uns Gelegenheit, uns mit den Geheimnissen zu beschäftigen, die jeder von uns hat. Wir haben Geheimnisse, weil wir uns vorstellen, dass für den Fall der Veröffentlichung sehr unangenehme Konsequenzen für uns einträten. Andere mögen uns vielleicht nicht mehr, sie nutzen uns eventuell aus oder empfinden Widerwillen und weisen uns zurück.

Diese Übung gibt uns die Chance zu testen, wieweit unsere Katastrophenerwartungen wirklich begründet sind, ob wir irgendwelche negativen Konsequenzen befürchten müssen.

Ich werde euch bitten, eure Geheimnisse anonym möglichst in Druckbuchstaben auf einen Bogen Papier zu schreiben. Später können wir herausfinden, wie die Einzelnen auf die verschiedenen Geheimnisse reagieren, bei denen sie ja nicht wissen, von wem sie stammen.

Bitte schließt jetzt eure Augen und denkt an ein oder zwei Geheimnisse von euch, die ihr den Leuten hier in der Gruppe am wenigsten gern bekanntgeben möchtet. Welche Informationen über euch haltet ihr für besonders schwer und ungeeignet zu veröffentlichen?... Bitte schreibt jetzt eure Geheimnisse auf...

Schreibt deutlich und detailliert genug, damit jeder, der sie liest, genau weiß, was gemeint ist. Beschreibt entweder ein wirkliches Geheimnis, das wichtig ist für euch, oder schreibt, dass ihr nicht bereit seid, ein Geheimnis aufzuschreiben...

Wenn ihr fertig seid, faltet das Papier zusammen und legt es in die Mitte der Gruppe auf den Fußboden. Ihr habt fünf Minuten Zeit...

Bitte geht jetzt in die Mitte und holt euch irgendein Geheimnis-Blatt heraus...

Lest jetzt für euch, was auf dem Papier steht...

Ich möchte, dass gleich einer von uns anfängt, das Geheimnis vorzulesen, das auf dem von ihm gezogenen Papier steht. Er soll es so vorlesen, als ob es sich um sein eigenes Schriftstück handelt. Beginnt, indem ihr sagt: „Das ist mein Geheimnis."

Versucht euch vorzustellen, dass ihr wirklich der seid, der dieses Geheimnis geschrieben hat. Seht zu, ob ihr irgendetwas ausdrücken könnt, wie ihr euch fühlt als der Mensch, der dieses spezielle Geheimnis hat. Auch wenn das Geheimnis in der Realität für euch keine Relevanz hat – es ist immerhin für irgendeinen aus der Gruppe sehr bedeutsam und das solltet ihr respektieren. Nachdem einer von euch sein Geheimnis vorgelesen hat, möchte ich, dass die anderen in der Gruppe sagen, wie sie sich im Blick auf denjenigen, der gerade vorgelesen hat, fühlten, als er „sein" Geheimnis enthüllte. Sagt nur eure gefühlsmäßige Reaktion, nichts sonst. Sagt also zum Beispiel: „Ich fühlte Widerwillen." – „Ich war überrascht." – „Mich interessiert dieses Geheimnis nicht." – „Ich bin betroffen." etc. Sagt, was immer eure Reaktion auf das betreffende Geheimnis ist. Wenn irgendwelche Geheimnisse auch auf euch selbst zutreffen und ihr Lust habt, das zu sagen, dann tut das.

Nachdem jeder in der Gruppe seine Reaktion auf das erste Geheimnis bekanntgegeben hat, liest der nächste sein Geheimnis vor...

Auswertung:
○ Wie habe ich mich bei diesem Experiment gefühlt?
○ Wie habe ich mich gefühlt, als mein Geheimnis vorgelesen wurde?
○ Ist mein Geheimnis wirklich schutzbedürftig?
○ Möchte ich mein Geheimnis veröffentlichen?

○ Wie viel Vertrauen habe ich zur Zeit zur Gruppe – zu mir selbst – zum Gruppenleiter?
○ Wer war der geheimnisträchtigste Mensch, den ich in meinem Leben bisher kennengelernt habe?
○ Wer ist der offenste Mensch, den ich kenne?
○ Welche Konsequenzen möchte ich aus diesem Experiment ziehen?
○ Wie fühle ich mich jetzt?

Erfahrungen: Bei diesem Spiel ist es besonders wichtig, dass Sie sich als Leiter der Aufgabe gewachsen fühlen und mit Sicherheit und Takt die Gruppe leiten.

Wenn Ihnen das gelingt, kann das Spiel der Gruppenentwicklung sehr nützlich sein. Prüfen Sie vorher, ob Sie selbst bereit sind, ein Geheimnis zu veröffentlichen. Erproben Sie das Spiel vorher mit Kollegen oder Freunden. ❑

**Kapitel 5
Beziehungsklärung
und
Feedback**

Wertschätzung

(Encountertradition)

Ziele: Dieses Spiel gibt den Teilnehmern Ihrer Gruppe eine Möglichkeit, positives Feedback auszutauschen. Der Einzelne erfährt, was andere an ihm schätzen und wieweit er die ausgesprochene Wertschätzung auch vertragen kann. In dem Maße, in dem ich mich selbst akzeptiere, kann ich ruhig und gelassen zuhören, wenn andere mir gegenüber Zuneigung, Lob und Anerkennung ausdrücken.

Teilnehmer: Ab 12 Jahren. Das Spiel ist geeignet für ängstliche Gruppen, die mehr Offenheit entwickeln wollen. Gruppengröße: optimal zwischen 15 und 20 Teilnehmern; teilen Sie größere Gruppen ggf. in mehrere Kleingruppen auf.

Zeit: Bei 16 Teilnehmern brauchen Sie zwischen 60 und 80 Minuten.

Spielanleitung: Bitte setzt euch im Kreis auf den Fußboden, wie ihr es gern habt, und lasst so viel Platz, dass in eurer Mitte ein Gruppenmitglied bequem sitzen kann. Ich möchte, dass ihr in diesem Spiel das auszudrücken lernt, was ihr an anderen hier in der Gruppe schätzt, dass ihr euch stärker dessen bewusst werdet, wie ihr euch fühlt, wenn ihr Botschaften darüber austauscht, was ihr an jemandem gern habt und schätzt...

Ein Gruppenmitglied wird jeweils im Mittelpunkt der Gruppe sitzen, und zwar schweigend. Derjenige, der auf der linken Seite dieses im Zentrum sitzenden Teilnehmers seinen Platz hatte, fängt an und sagt dem Teilnehmer in der Mitte zwei oder drei Dinge, die er an ihm besonders schätzt. Bitte macht keine leeren Komplimente und schmeichelt nicht. Ihr könnt zwei oder drei Dinge, die ihr gern habt, sogar an eurem schlimmsten Feind entdecken. Seid in jedem Fall ehrlich und sagt nur etwas, was ihr wirklich meint.

Betrachtet den Teilnehmer in der Mitte, sprecht direkt zu ihm und seid dabei konkret und detailliert. Sagt nicht bloß: „Ich mag dich." Sondern sagt genau, was ihr mögt, also zum Beispiel: „Ich mag dein Lächeln, wenn du mir zuhörst." „Ich mag, wie du deinen Kopf schräg legst und mich ansiehst. Ich habe das Gefühl, dass du mir wirklich zuhörst, und das habe ich gern."

Nachdem ein Teilnehmer zwei oder drei Sachen gesagt hat, nickt er seinem linken Nachbarn zu, sodass der nun anfangen kann, zwei oder drei Dinge zu sagen, die ihm an dem Teilnehmer in der Mitte gefallen. So geht es dann im Kreis weiter herum, bis alle das gesagt haben, was ihnen am Gruppenmitglied in der Mitte gefällt.

Danach geht der Betreffende an seinen Platz im Kreis zurück und sein linker Nachbar geht in das Zentrum. Auf diese Weise können wir fortfahren, bis jeder ein Mal im Mittelpunkt gesessen und die Wertschätzung der anderen gehört hat. Anschließend habt ihr dann Gelegenheit, einander eure Erfahrungen mitzuteilen.

Auswertung:

○ Wie habe ich mich bei diesem Experiment gefühlt? Wann fühlte ich mich am wohlsten, wann am unbehaglichsten?

○ Wie leicht ist es für mich, anderen meine Wertschätzung mitzuteilen?

○ Kann ich es genießen, wenn andere mir sagen, was sie an mir schätzen?

○ Welche physischen Reaktionen konnte ich während des Spiels bei mir wahrnehmen?

○ Was schätzen andere an mir besonders?

○ Was schätzten meine Eltern besonders an mir?

○ Was schätze ich selbst am meisten an mir?

○ Auf welche Weise kann ich mir selbst mehr Wertschätzung geben?

Erfahrungen: Dieses Spiel kann ein sehr nachhaltiges Gefühl des eigenen Wertes vermitteln und von der Gruppe akzeptiert zu werden. Es verstärkt in der Regel die Bereitschaft zu positivem Feedback und macht langfristig auch kritisches Feedback akzeptabler. ❏

Meine Normen – deine Normen
(K.W.Vopel)

Ziele: Das Spiel gibt Gelegenheit zum Feedback auf Verhaltensweisen und Verhaltensstile, die entweder das Persönlichkeitswachstum des Einzelnen fördern oder einschränken. Dabei bekommt der Empfänger des Feedbacks Gelegenheit, Verhaltensalternativen zu bedenken, die ihn bereichern.

Teilnehmer: Ab 12 Jahren. Das Spiel kann auch zu einem relativ frühen Zeitpunkt im Leben einer Gruppe erprobt werden – sobald nämlich die Teilnehmer Gelegenheit hatten, ihre alltäglichen Verhaltensweisen gegenseitig kennenzulernen. Gruppengröße: zwischen 20 und 30 Teilnehmern.

Zeit: Bei 20 Teilnehmern brauchen Sie ca. eine Stunde.

Spielanleitung: Jeder von uns hat eine ganze Menge verinnerlichter Verhaltensnormen, die sein Auftreten und sein Verhalten in einem gewissen Ausmaß bestimmen. Es gibt einige Verhaltensnormen, die unsere weitere Persönlichkeitsentwicklung fördern, und andere, die sie einschränken. Dieses Spiel gibt uns die Chance herauszufinden, welche Verhaltensnormen die anderen bei uns bemerkt haben.

Ich bitte euch, dass ihr euch nacheinander als Zielperson meldet, sofern ihr daran interessiert seid zu erfahren, welche einschränkenden bzw. produktiven Verhaltensnormen den anderen bei euch aufgefallen sind.

Das geht dann so: Einer von euch ist jeweils Zielperson. Nacheinander kann jeder aus der Gruppe das Wort ergreifen und sagen, welche Verhaltensnormen er an der Zielperson wahrgenommen hat. Nun sollen diese Normen aber nicht abstrakt formuliert werden (also nicht: „Du bist offen." – „Du achtest auf soziale Distanz."), sondern ihr sollt versuchen, die Normen als „Ich-will-", „Ich-kann-", „Ich-darf-nicht-" und „Ich-muss"-Sätze zu formulieren, und zwar in der ersten Person Singular, sodass ihr diese Sätze anstelle der angesprochenen Person sprecht. Ihr könnt also zum Beispiel für die Zielperson sagen: „Ich will immer besonders gut sein." – „Ich darf keinen Ärger ausdrücken." – usw. Jeder kann sich spontan zur Zielperson äußern, die selbst schweigend dasitzt.

Bitte achten Sie darauf, dass die Struktur eingehalten wird und dass keine inhaltliche Diskussion zustande kommt. Es sollen nur Normen in der angegebenen konkreten Form genannt werden.

Stoppen Sie den Lauf der Dinge nach einer gewissen Zeit, wenn zur Zielperson keine weiteren Normen mehr genannt werden. Fragen Sie, wer nun Zielperson sein möchte. In der Regel sind alle Teilnehmer sehr daran interessiert, ihre Verhaltensnormen zu erfahren. Das Spiel gibt eine ausgezeichnete Feedbackmöglichkeit, ohne den Einzelnen jedoch zu sehr unter Stress zu setzen.

Geben Sie nach dem Spiel Gelegenheit zu einem kurzen Reaktionsaustausch. Am sinnvollsten ist es in meinen Augen, wenn der einzelne Teilnehmer die Dinge, die er gehört hat, erst einmal in Ruhe bedenkt und sich nicht sogleich verteidigt etc.

Auswertung:
❍ Wie habe ich mich bei diesem Experiment gefühlt?
❍ Habe ich genug Feedback erhalten?
❍ Will ich auf jeden Fall am Ende dieser Gruppensitzung etwas klarstellen?
❍ Welche der Normen, die ich anderen sagte, gelten auch für mein eigenes Verhalten?
❍ Welche Konsequenzen will ich aus dem Feedback der anderen ziehen?

Erfahrungen: Dieses Experiment gehört zu den unproblematischen und fast immer effektiven Spielen. ❑

Voraussage des Gruppeneindrucks

(nach D. Malamud)

Ziele: Oft gibt es eine Diskrepanz zwischen der Art und Weise, wie ich mich selbst sehe, und der Art und Weise, wie mich andere sehen. Dieses Spiel gibt den Teilnehmern die Chance, das Ausmaß dieser Diskrepanz zu testen und die Annahmen übereinander zu bereichern und abzuklären. Dabei erfährt der Einzelne in einer wenig bedrohlichen Weise, wie er auf die anderen bisher gewirkt hat.

Teilnehmer: Ab 16 Jahren. Da die Teilnehmer das Ausmaß ihrer Offenheit selbst bestimmen, gibt das Spiel ziemlich viel Sicherheit, auch wenn der zweite Teil der Aufgabe für manchen zunächst schwierig ist.

Die Gruppe sollte nicht mehr als acht bis zehn Teilnehmer haben. Wenn Ihre Gruppe größer ist, teilen Sie sie in mehrere Kleingruppen auf.

Zeit: Bei 10 Teilnehmern müssen Sie mit ca. 120 Minuten rechnen.

Material: Für jeden Teilnehmer Papier und Bleistift.

Spielanleitung: Ich möchte euch ein Spiel vorschlagen, das euch gestattet, Selbstbild und Fremdbild miteinander zu vergleichen. Mein Selbstbild ist das, wie ich mich selbst sehe. Mein Fremdbild ist dagegen das, wie ich von anderen gesehen werde. Ich habe immer gewisse Vermutungen, was andere über mich denken – die Frage ist nur, wieweit ich realistisch einschätzen kann, welche Wirkung ich auf andere tatsächlich habe.

Bitte nehmt jetzt Papier und Bleistift und konzentriert euch darauf, wie ihr euch im Augenblick fühlt... Wer seid ihr?... Wie seid ihr?...

Ihr sollt gleich zwei Persönlichkeitsbeschreibungen anfertigen, und zwar eine erste, wie ihr euch selbst seht, und eine zweite, wie die anderen in der Gruppe vermutlich über euch denken. Bitte haltet die beiden Persönlichkeitsbeschreibungen kurz und verwendet für jede nicht mehr als acht Sätze. Gebt der ersten Beschreibung die Überschrift SELBSTBILD und der zweiten die Überschrift VERMUTETES FREMDBILD. Schreibt euren Namen nicht auf das Papier. Beginnt jetzt, diese Persönlichkeitsbeschreibungen anzufertigen. Ihr habt dafür 15 Minuten Zeit...

Warten Sie, bis alle Teilnehmer die Aufgabe beendet haben.

Faltet jetzt die Blätter zwei Mal und legt sie alle in die Mitte des Kreises auf den Boden...

Ich werde mir jetzt ein Papier nehmen und zunächst das Selbstbild vorlesen. Dann werde ich euch bitten, den Verfasser zu erraten. Immer wenn ihr eine Vermutung ausspricht, gebt eine kurze Begründung, weshalb ihr glaubt, dass dieser oder jener der Verfasser dieses Selbstbildes ist. Sobald ihr jemanden identifiziert habt, soll der Verfasser seine Reaktion auf die Stellungnahmen der anderen mitteilen. Anschließend werde ich seine Voraussage des Fremdbildes vorlesen, wobei ich euch bitte, Satz für Satz eure Bestätigung bzw. eure Korrektur zum Ausdruck zu bringen. Anschließend werde ich mir dann aus der Mitte des Kreises ein neues Papier holen...

Ein Teil der Auswertung findet ja im Verlauf des Spiels statt. Geben Sie anschließend im Plenum allen Gelegenheit, „Reste" zu äußern.

Auswertung:

○ Wurde ich anhand meines Selbstbildes schnell identifiziert?

○ In welchen Punkten stimmte mein vermutetes Fremdbild nicht?

○ Zeigen die Abweichungen zwischen vermutetem und tatsächlichem Fremdbild eine Tendenz – zu großer Pessimismus bzw. ungerechtfertigter Optimismus?

○ Was kann ich tun, um mich anderen deutlicher und eindeutiger darzustellen?

Erfahrungen: Das Spiel erfordert eine gesammelte Atmosphäre. Wenn diese gegeben ist, können alle Beteiligten auf behutsame Weise ihren Kontakt mit den anderen Gruppenmitgliedern verstärken und lernen, die Auswirkung der eigenen Persönlichkeit auf andere besser einzuschätzen. ❏

Sieben Fragen

(K.W.Vopel)

Ziele: Die Mitglieder Ihrer Gruppe können im Rahmen dieses Kleingruppenspiels überprüfen, unter welchen Aspekten sie von den anderen Teilnehmern geschätzt werden. Durch „Sieben Fragen" werden wesentliche Dimensionen zwischenmenschlicher Beziehungen angesprochen, die in allen Lern- und Arbeitsgruppen eine Rolle spielen.

Dadurch, dass die Beziehungsklärung stark vorstrukturiert ist und in der Kleingruppe mit sechs bis sieben anderen Teilnehmern erfolgt, bleibt die Belastung gering.

Teilnehmer: Alle ab 16 Jahren. Voraussetzung ist, dass die Teilnehmer genügend Informationen übereinander haben. Die Gruppengröße ist beliebig, da das Plenum in Kleingruppen mit 7 Teilnehmern aufgeteilt wird.

Zeit: Sie brauchen 90 bis 120 Minuten.

Material: Für jeden Teilnehmer ein Formular „Sieben Fragen".

Raum: Für die zu bildenden Kleingruppen muss genügend Raum vorhanden sein, damit sie arbeiten können, ohne sich gegenseitig zu stören.

Spielanleitung: Ich möchte euch ein Spiel vorschlagen, bei dem ihr herausfinden könnt, welche Auswirkungen euer Verhalten auf die anderen hat und wie diese ihre Beziehung zu euch sehen. Ich möchte, dass ihr jetzt Gruppen bildet, in denen jeweils sieben Teilnehmer sind, die ihre Beziehung zueinander gern klarer erkennen möchten…

Teilen Sie nach der Bildung der Kleingruppen die Formulare für die Teilnehmer aus und bitten Sie die Gruppe, die Unterlagen gut durchzulesen. Schlagen Sie für das Ausfüllen der Papiere eine Zeit von max. 30 Minuten vor.

Die Kleingruppen werten das Spiel nach den im Formular angegebenen Gesichtspunkten selbst aus. Gleichwohl können Sie ein Schlussplenum zusammenrufen, um zu klären, welche offenen Fragen noch besprochen werden sollen.

Sieben Fragen

Bitte lies zunächst alle Instruktionen ganz durch, ehe du mit dem Ausfüllen von Tabelle A und P beginnst.

Wen würdest du in dieser Gruppen wählen als…
a) Leiter für eine Arbeitsgruppe?
b) einzigen Gefährten für den Aufenthalt auf einer Insel?
c) Berater bei persönlichen Schwierigkeiten?
d) Diskussionspartner für eine neue, ungewöhnliche Idee?
e) engen Mitarbeiter zur Erledigung einer wichtigen Aufgabe?
f) Begleiter zu einem Kommunikationstraining, um ihn besser kennenzulernen?
g) Partner bei einem Zeitungsduell (beide schlagen mit einer zusammengerollten Zeitung aufeinander ein)?

Bitte schreib zunächst in Tabelle A (Aktive Wahlen) in die linke Spalte die Namen aller Mitglieder deiner Kleingruppe. Überlege dann, welche der oben angegebenen Rollen du für jedes Gruppenmitglied auswählen möchtest. Du kannst eine Rolle nur ein Mal vergeben.

Trag deine Wahlen dann in die zweite Spalte ein. Notiere anschließend in der dritten Spalte die Gründe deiner Wahl und formuliere den Grund jeweils so, als ob du das betreffende Gruppenmitglied direkt ansprichst.

Bearbeite anschließend Tabelle P (Passive Wahlen). Trage hier zunächst in die linke Spalte die Namen aller Gruppenmitglieder ein. Überlege, für welche Rolle du deiner Meinung nach von den anderen gewählt worden bist. Notiere die vermutete Rolle in die zweite Spalte. Notiere dann in der dritten Spalte den jeweils vermuteten Grund, als ob der betreffende Teilnehmer dich direkt anspricht. Hier kannst du mehrfach ein und dieselbe Rolle eintragen. Es ist ja denkbar, dass mehrere mit dir zum Beispiel eine neue Idee diskutieren wollen.

Sobald alle mit dem Ausfüllen fertig sind, kann euer Auswertungsgespräch beginnen. Beachtet dabei Folgendes: Einer steht jeweils im Mittelpunkt und trägt nacheinander seine Vermutungen aus Tabelle P vor. Der vermutete Partner bestätigt oder korrigiert die Vermutungen der Wahl und teilt seine Reaktion mit. Die anderen äußern sich ebenfalls dazu. Auswertungsgesichtspunkte sind dabei: Wieweit habe ich die Wahlen der anderen im Blick auf mich richtig eingeschätzt? – Wie erlebe ich einseitige Wahlen? – Wie erlebe ich gegenseitige Wahlen?

Tabelle A (Aktive Wahlen)

1. Name	2. Rolle	3. Gründe der Wahl
Kay	g)	Deine langen Monologe nerven mich.

Tabelle P (Passive Wahlen)

1. Name	2. Rolle	3. Gründe der Wahl
Birgit	d)	Du hast oft so originelle Einfälle.

Datum .... Name ....

Auswertung:

○ Gibt es ein Muster dafür, wie ich von anderen geschätzt werde? Gibt es zum Beispiel eine Rolle, für die ich überwiegend gewählt wurde?
○ Will ich bestimmte Verhaltensweisen in Zukunft stärker praktizieren?
○ Wie fühle ich mich jetzt?

Erfahrungen: „Sieben Fragen" führt immer wieder zu guten Ergebnissen. Besonders schwer ist allerdings das Ausfüllen der Tabelle P. ❏

Kapitel 6
Umgang mit
Einfluss, Macht
und Konkurrenz

Vater und Mutter

(unter Einbeziehung eines Spiels von R. de Mille)

Ziele: Die Ersten, die uns erfahren ließen, dass es mächtigere Menschen gibt, als wir selbst es sind, waren unsere Eltern. Für viele von uns bleibt der Eindruck, das schwache und hilflose Kind gewaltiger Eltern zu sein, lebenslang bestehen, auch wenn wir selbst schon Erwachsene sind. Die Vorstellung, immer unterlegen zu sein, verhindert dann allzu leicht die notwendige Entwicklung eines realistischen Bewusstseins der eigenen Stärken und Fähigkeiten. Das Bewusstsein, über persönliche Stärke und sozialen Einfluss zu verfügen, ist die Voraussetzung für befriedigende zwischenmenschliche Beziehungen im privaten und beruflichen Bereich.

Das Imaginationsspiel „Vater und Mutter" lässt die Teilnehmer in ihrer Phantasie erleben, dass sie durchaus psychische Kräfte haben, die Vater und Mutter gewachsen, ja sogar überlegen sind bzw. sein können. Insgesamt kann das Bewusstsein der eigenen seelischen Kraft nachhaltig durch dieses Spiel gefördert werden; auf diese Weise kann auch der Anspruch des Einzelnen, in Gruppen nicht nur angepasst als „Rädchen im Getriebe" zu funktionieren, gefühlsmäßig vorbereitet und gestärkt werden.

Teilnehmer: Ab 10 Jahren. Die Teilnehmer sollten bereits Imaginationsspiele erprobt haben (z. B. Nr. 1, 24, 28, 38). Die Gruppe sollte nicht mehr als 20 Teilnehmer haben.

Zeit: Sie brauchen ca. 20 Minuten für das Imaginationsexperiment, hinzu kommt dann die Zeit für das sehr wichtige Auswertungsgespräch.

Spielanleitung: Ich möchte euch ein Spiel vorschlagen, bei dem ihr erleben könnt, dass ihr über mehr Stärken verfügt, als ihr normalerweise glaubt. Ihr könnt dabei in der Phantasie mit den ersten Autoritätsfiguren eures Lebens experimentieren, nämlich mit Vater und Mutter. Ihr habt alle ein Bild von den Eltern im Kopf, eine mehr oder weniger realistische Vorstellung. Und dieses Bild zeigt oft genug Eltern, die viel stärker sind, als ihr selbst es in eurer Vorstellung seid. Ich möchte euch Gelegenheit geben zu erleben, dass dieses Bild korrigierbar ist und dass ihr selbst für das Bild eurer mächtigen Eltern in euch verantwortlich seid.

Bitte setzt euch entspannt hin oder legt euch auf den Boden… Versucht eine möglichst bequeme Position einzunehmen…

Beginnt tief zu atmen und schließt die Augen...

Stell dir vor, dass dein Vater links von dir steht und deine Mutter rechts von dir... Sieh sie dir genau an... Fordere beide auf, dass sie sich vorstellen, und lass sie sagen: Ich bin Vater. – Ich bin Mutter... Lass sie jetzt gemeinsam sagen: Wir sind deine Eltern... Lass sie jetzt beide mit ihrer rechten Hand winken...

Jetzt stell dir vor, dass du zwei Väter und zwei Mütter siehst... Die beiden Mütter sehen ganz gleich aus und die beiden Väter ebenfalls... Fordere sie auf, sich vorzustellen, sodass alle vier sagen: Wir sind deine Eltern...

Jetzt stell dir vor, dass die Eltern zusammenschrumpfen... Lass sie nun auch noch ihre Farbe verändern und ganz grün werden... Lass sie noch kleiner werden... Lass sie jetzt rot werden... Lass sie wieder wachsen und größer werden... Lass sie nun schwarz aussehen... Lass sie wieder schrumpfen auf Kürbisgröße... Lass sie weiß aussehen... Lass sie jetzt alle die Farben annehmen, die du ihnen gibst... (30 Sek.)

Jetzt stell dir vor, dass die zwei kleinen Väter und die zwei kleinen Mütter auf einem Dach stehen und auf die Straße winken... Lass die Eltern in einer Palme sitzen und mit Kokosnüssen werfen...

Stell dir vor, die Eltern stehen auf der Spitze des höchsten Turmes der Welt... Jetzt versetze sie auf den Gipfel des Mount Everest... Jetzt stell dir die vier Eltern auf dem Grund des Ozeans an seiner tiefsten Stelle vor...

Jetzt lass diese kleinen Eltern eine Straße entlanggehen... Du siehst einen riesigen Hund kommen, größer als die Eltern... Er bellt sie fürchterlich an... Jetzt wachsen die Eltern wieder und werden größer als der Hund... Sie verjagen den Hund...

Nun werden die Eltern wieder klein wie ein Kürbis... Du siehst einen schrecklichen Drachen herankommen, der seinen feurigen Atem auf die Eltern bläst... Die Eltern werden wieder größer und blasen ihren eigenen feurigen Atem gegen den Drachen... Der Drache klemmt den Schwanz ein und läuft davon... Während er wegrennt, sprüht er Funken...

Jetzt lass die vier Eltern wieder klein werden wie ein Kürbis... Lass sie die Straße entlanggehen... Lass sie jetzt flach wie ein Pfannkuchen werden und sich ganz platt auf die Straße legen... Lass sie jetzt als flache Pfannkuchen-Eltern in rasender Eile die Straße entlanglaufen... Stell dir vor, mitten auf der Straße steht eine uralte Dampfwalze... Die vier kleinen Pfannkuchen-Eltern laufen auf die alte dicke Eisenrolle zu und pressen sich darunter… Sie passen genau darunter, weil sie so flach sind… Die Eltern fühlen sich ganz behaglich da unten… Jetzt stell dir vor, dass die Eltern ihren Platz verlassen und plötzlich groß und riesig werden… Sie werfen die Dampfwalze um…

Jetzt siehst du einen riesigen Bulldozer die Straße entlangrollen… Lass die Eltern ganz klein werden, wie winzige Knöpfe… Sie liegen vor dem Bulldozer… Die riesigen Reifen rollen über sie hinweg… Jetzt werden die Eltern plötzlich wieder ganz groß und stark… Sie kippen den Bulldozer um… Nun lachen die Eltern über den umgekippten Bulldozer…

Jetzt stell dir vor, dass die Eltern mitten auf der Straße stehen… Verdopple die Zahl der Eltern, sodass da jetzt vier Väter und vier Mütter stehen… Lass die acht Eltern durch die Wüste Sahara laufen…

Lass sie durch den Weltraum fliegen…

Lass sie über den Grund des Meeres laufen… Lass sie im Mittelmeer schwimmen… Jetzt kommt ein großer weißer Hai daher, der frisst zwei der acht Eltern… Lass den Hai wieder fortschwimmen…

Lass jetzt zwei neue Eltern erscheinen für die beiden aufgefressenen… Lass jetzt einen roten Hai daherkommen und erneut zwei Eltern fressen… Auch dieser Hai schwimmt wieder davon…

Lass jetzt zwei neue Eltern den Platz der beiden gefressenen einnehmen… Jetzt kommt ein gelber Riesenhai daher… Er öffnet das Maul gefräßig… Er möchte die Eltern fressen… Da werden die Eltern sehr groß… Sie packen den gelben Hai und setzen sich auf seinen Rücken… Sie nehmen ihn fest zwischen die Beine und lassen sich von ihm durch das Meer zu einer kleinen Insel bringen…

Sieh, wie die acht Eltern dort in der Sonne stehen und sich strecken und recken… Vier Eltern – zwei Väter und zwei Mütter – schrumpfen zusammen, bis sie so klein sind wie Kürbisse… Jetzt schrumpfen sie weiter, bis sie so groß wie Bohnen sind… Sie werden noch kleiner und kleiner, bis sie nicht mehr da sind…

Lass noch ein Elternpaar kleiner und kleiner werden, bis die beiden nicht mehr da sind…

Jetzt sind nur noch ein Vater und eine Mutter da… Lass sie auf einem fliegenden Teppich hierher fliegen… Sie haben eine Kiste dabei, in der ein Geschenk für dich ist… Lass die Eltern die Kiste vor dir abstellen und sich dabei verbeugen… Sag den Eltern Danke für die Kiste…

Stell dir vor, dass die Eltern vor dir so klein werden wie Kürbisse… Färb die Eltern blau…

Lass sie nun wieder ihre normale Größe erhalten... Gib ihnen eine Farbe, die du willst...

Du willst gleich in Ruhe deine Kiste öffnen. Sag also den Eltern, wohin sie gehen sollen, um auf dich zu warten... Lass sie dir zuwinken... Sag ihnen zum Abschied: „Ihr seid gar nicht so groß und stark."...

Jetzt öffne die große Kiste und nimm ein kleineres Paket heraus, das mit Packpapier umwickelt ist... Es enthält ein Geschenk deiner Eltern für dich...

Öffne das Paket und sieh nach, was darin ist... Sieh dir das Geschenk gründlich an, befühle es, rieche daran...

Wozu kannst du es brauchen?...

Bewahre das Geschenk gut in deinem Gedächtnis auf, damit du es einmal wieder zur Hand nehmen kannst...

Ich werde dich gleich bitten, die Augen zu öffnen und mit deiner Aufmerksamkeit zur Gruppe zurückzukommen... Lass dir dabei so viel Zeit, wie du haben möchtest...

Erzählt dann, was ihr bei dem Phantasiespiel erlebt habt und was in der Kiste für euch enthalten war...

Auswertung:

○ Wie fühlte ich mich bei dem Phantasieexperiment?
○ Wann fühlte ich mich besonders gut? Wann fühlte ich mich eher bedrückt?
○ In welchem Ausmaß gelang es mir, die vielen Verwandlungen der Eltern in der Phantasie zu sehen und zu erleben?
○ Welche Gefühle hatte ich, als die Eltern kleiner wurden, verschwanden, gefressen oder überrollt wurden?
○ Was empfand ich, als die Eltern größer wurden, stark waren und lachten?
○ Was für Gefühle habe ich im Augenblick meinen wirklichen Eltern gegenüber?
○ Was war in meiner Kiste?
○ Was empfinde ich im Blick auf mein Geschenk?
○ Inwieweit gehört der Kisteninhalt zu mir und meinem Leben?

Erfahrungen: Das Spiel gibt den Teilnehmern in der Regel ein Gefühl größerer eigener Sicherheit und Stärke und vertieft das Bewusstsein von der Schwäche auch mächtiger Eltern – ggf. auch von der Kraft schwacher Eltern. Für viele wird eine ausbalanciertere gefühlsmäßige Beziehung angebahnt.

Das Geschenk gibt dem Einzelnen Hinweise auf wichtige Teile des eigenen Selbst, die im Alltag eher unbeachtet und nicht integriert sind.

Für Sie als Gruppenleiter sind vorherige eigene Erfahrungen mit Imaginationsexperimenten besonders wichtig, wenn Sie dieses Spiel erproben wollen. Achten Sie darauf, dass in der Auswertung nicht interpretiert wird, sondern dass die Teilnehmer eigene Gefühle und persönliche Reaktionen ausdrücken. ❑

Konkurrenten

(K.W.Vopel)

Ziele: Das Spiel gibt den Gruppenmitgliedern im Rahmen einer relativ sicheren Zweierbeziehung die Chance, ihr Bewusstsein für eigenes Konkurrenzverhalten zu vertiefen.

Teilnehmer: Ab 14 Jahren. In der Gruppe sollte bereits ein gutes Maß an Offenheit herrschen. Die Gruppengröße ist beliebig.

Zeit: Sie brauchen ca. 15 Minuten für das Experiment.

Material: Für jeden Teilnehmer das Formular „Einfühlungsvermögen".

Spielanleitung: Das Spiel, das ich euch jetzt vorschlage, gibt jedem Gelegenheit, sich im Rahmen einer Paarübung bewusster darüber zu werden, in welcher Weise er mit einem anderen Gruppenmitglied konkurriert.

Bitte wählt einen Partner, bei dem ihr herausfinden sollt, wieweit und um welche Dinge ihr miteinander konkurriert...

Verteilt euch im Raum... Setzt euch einander gegenüber und betrachtet euch einen Augenblick lang schweigend...

Schließt die Augen und probiert das folgende Phantasieexperiment: Stell dir vor, du verwandelst dich in einen Sportler, in einen Kurzstreckenläufer. Du stehst neben deinem Partner auf der Aschenbahn. Du wartest auf den Startschuss, der gleich fallen wird... Ihr werdet hundert Meter laufen. Ich werde gleich sagen, wenn das Startsignal gegeben wird. Beobachte dann in deiner Phantasie genau, was passiert, bis ihr beide die Ziellinie erreicht haben werdet, und was ihr danach tut. Lass die Bilder sich dabei frei entwickeln. Konzentriere dich bitte auf den Start... Jetzt fällt der Startschuss – LOS... (90 Sek.)

Bitte öffnet gleich langsam die Augen und teilt dem Partner mit, was ihr bei eurem Phantasielauf erlebt habt. Beschreibt das Rennen bitte im Präsens, als ob es gerade geschieht. Ihr habt vier Minuten Zeit...

Werdet euch jetzt bewusst, was durch die Phantasie über euer Verhältnis zum Partner zum Ausdruck gekommen ist... Ihr sollt gleich euer Verhältnis unter dem Gesichtspunkt des Wettbewerbs weiter erforschen...

Entscheidet, wer von euch A und wer B sein soll... A soll gleich seinen Partner B drei Minuten lang immer wieder fragen:

AUF WELCHE WEISE KONKURRIERST DU MIT MIR?

B antwortet dann immer mit einem ganzen Satz, der so anfängt:

ICH KONKURRIERE MIT DIR, INDEM ICH…

Zum Beispiel: „…indem ich immer einen Ansatz mache, dich zu verbessern oder eine Aussage von dir zu ergänzen." Dann sagt A:

DANKE SCHÖN

und wiederholt seine Frage. Bitte kommentiert nicht, was ihr sagt, gebt keine Erklärungen und Rechtfertigungen, stellt auch keine zusätzlichen Fragen.

Geben Sie der Gruppe für die erste Runde drei Minuten Zeit.

Jetzt wechselt bitte die Rollen. B ist nun derjenige, der die bewusste Frage stellt, und A antwortet ihm. Ihr habt wieder drei Minuten Zeit…

Bitte tauscht jetzt eure Reaktionen über dieses Spiel aus… Was habt ihr über eure Beziehung erfahren?…

Geben Sie für diesen Reaktionsaustausch ungefähr fünf Minuten Zeit. Leiten Sie danach eine weitere Auswertung im Plenum oder in Kleingruppen ein.

Auswertung:

○ Wie habe ich mich bei dem Experiment gefühlt?

○ Was empfinde ich jetzt dem Partner gegenüber?

○ In welchen Bereichen bin ich meiner Meinung nach besser als mein Partner? In welchen Bereichen ist er es?

○ Wer ist der Mensch mit dem stärksten Konkurrenzstreben, den ich kenne?

○ Welche Konsequenzen möchte ich aus den hier gemachten Erfahrungen ziehen?

Erfahrungen: Das Spiel ist nützlich, um Fragen im Zusammenhang mit Macht, Einfluss und Konkurrenz innerhalb der Gruppe offener besprechen zu können. Sie sollten dieses Experiment erst dann erproben, wenn Sie bereits einige Erfahrungen im Umgang mit Interaktionsspielen gesammelt haben. Probieren Sie dieses Spiel vorher mit einem Ihrer Konkurrenten aus. ❑

Autorennen

(K.W.Vopel)

Ziele: Das Spiel hilft den Teilnehmern herauszufinden, welche wichtigen Konkurrenzverhältnisse bestehen. Die benutzte „Methode" der Imagination sichert, dass der Erlebnisbrennpunkt auf das jeweils relevante Konkurrenzverhältnis gerichtet ist. Besonders gut geeignet ist dieses Spiel in natürlichen Gruppen, um bestehende Wettbewerbssituationen transparent zu machen.

Teilnehmer: Ab 12 Jahren. Hier ist es günstig, wenn ihre Gruppe schon an Imaginationsexperimente gewöhnt ist. Die Gruppengröße ist beliebig. Bei natürlichen Gruppen (Klasse, Arbeitsgruppe, Familie) ist es wichtig, dass die ganze Gruppe teilnimmt.

Zeit: Bei 20 Teilnehmern brauchen Sie zwischen 60 und 90 Minuten.

Spielanleitung: Bei diesem Spiel könnt ihr herausfinden, mit wem in unserer Gruppe ihr konkurriert.

Bitte setzt oder legt euch möglichst entspannt hin… Schließt die Augen und achtet auf euren Atem… Atmet tief und gleichmäßig, damit ihr mit ausreichend Sauerstoff versorgt seid und empfindungsfähig für das kommende Phantasiespiel werdet… (30 Sek.)

Stell dir vor, die ganze Gruppe trifft sich auf einer Rennstrecke für Autorennen an der Startlinie… Wie sieht das Gelände um die Rennpiste aus?… Betrachte die ovale Rennstrecke…

Wo sind die Gefahrenpunkte?… Welche Beschaffenheit hat die Piste? Die ganze Gruppe geht jetzt zu den Boxen… Dort stehen eine Menge gebrauchter Rennwagen, die für euch herbeigeholt worden sind. Für jedes Gruppenmitglied gibt es einen Wagen…

Welchen Wagen suchst du dir aus?… Steig ein in deinen Wagen… Wie sieht dein Auto aus?… Wie alt ist es?… Wie stark ist seine Maschine? Wie sehen die Reifen aus?… Wie viel Benzin ist im Tank?…

Gleich werdet ihr alle zu einem Rennen starten… Ihr werdet Gelegenheit haben, eine Menge Runden zu fahren… Lass jetzt den Motor deines Wagens an… Wie hört sich der Motor an?… Gib etwas mehr Gas… Wie hört sich der Motor nun an?…

Starte jetzt und versuche beim Rennen deutlich zu erkennen, wer jeweils in den anderen Wagen sitzt, die du überholst oder von denen du überholt wirst... Los geht's... (ca. 120 Sek.)

Du hast jetzt noch eine Minute Zeit... Wo bist du jetzt?... Was willst du in dieser Zeit noch erreichen?... An wem willst du vorbei?... Jetzt hast du noch 45 Sekunden Zeit bis zum Ende des Rennens. Auf welcher Position bist du?... Was macht dein Wagen?... Wie hört sich dein Motor an?... Was willst du noch erreichen?...

Du hast jetzt noch 30 Sekunden Zeit... Wo fährst du gerade?... Wer ist vor dir?... Wer ist hinter dir?...

Jetzt kommen die letzten 15 Sekunden... Was tust du jetzt?...

Nun noch 5 Sekunden... noch 4... noch 3... noch 2... noch 1 Sekunde. Schluss! Das Rennen ist beendet. Wo bist du?...

Drossle den Motor deines Wagens und bring ihn zurück an die Box... Während du noch im Wagen sitzt, blicke zurück auf das Rennen. Mit wem bist du hauptsächlich um die Wette gefahren?... Wie ist der Wettbewerb für dich ausgegangen?...

Steig jetzt aus und betrachte den Rennwagen... In welchem Zustand ist das Fahrzeug?...

Ich werde euch gleich bitten, die Augen wieder zu öffnen und in der Gruppe zu berichten, was ihr während des Rennens erlebt habt. Bitte berichtet dann so, als ob das Rennen jetzt stattfindet, also in der ersten Person Singular Präsens...

Bitte öffnet jetzt langsam die Augen... Kommt mit eurem Bewusstsein zurück zur Gruppe in diesen Raum...

Achten Sie darauf, dass die Auswertung mit den Berichten im Präsens beginnt.

Auswertung:
○ Wie fühlte ich mich bei dem Experiment?
○ Wie fühle ich mich jetzt?
○ In welchem Zustand war mein Rennwagen vor dem Rennen? In welchem Zustand ist er jetzt?
○ Mit wem bin ich um die Wette gefahren?
○ Welche Position hatte ich am Anfang? Welche hatte ich am Ende?
○ Wie reagiere ich auf die Berichte der anderen?
○ Habe ich etwas Neues erfahren?
○ Welche Konkurrenzverhältnisse gibt es in dieser Gruppe?

○ Wird in dieser Gruppe produktiv oder eher blockierend konkurriert?
○ Welche Konsequenzen möchte ich aus dieser Erfahrung ziehen?

Erfahrungen: Das Spiel ist außerordentlich nützlich. Wichtig ist, dass Sie die Phantasie passend leiten, d. h. dass Sie versuchen, eine Rennkurs-Atmosphäre entstehen zu lassen. ❑

Schieben

(Encountertradition)

Ziele: Ärger und Rivalität sind wichtige Gefühle, die jeder von uns kennt. Gleichwohl werden diese Gefühle oft missbilligt, da sie von unseren Partnern häufig als Zumutung erlebt werden. Auch in Ihrer Gruppe gibt es sicherlich Ereignisse, die bei den Mitgliedern Ärger, Wut oder Rivalitätsgefühle auslösen. All diese Gefühle beeinflussen den Körper ebenso wie den Geist. Wenn die Gefühle nicht ausgedrückt werden, kommt es oft zu einer Überstimulation des Drüsensystems mit einer „giftigen" Erhöhung der Adrenalinausschüttung ins Blut; außerdem kann die Spannung in der Muskulatur und im Nervensystem so ansteigen, dass der Betroffene physisch, intellektuell und psychisch blockiert wird.

Durch verbale Formeln („Ich bin wütend auf dich.") – meist im Konversationsstil ausgesprochen – können so tief verwurzelte Gefühle nicht aufgelöst werden. Eine der unmittelbarsten und ehrlichsten Möglichkeiten, mit seinen aggressiven Gefühlen fertig zu werden, besteht darin, sie anzuerkennen und ihnen durch eine physische Aktion relativ harmlosen Ausdruck zu geben.

Das Spiel „Schieben" gibt zwei Gruppenmitgliedern die Chance, Aggression und Rivalität auszudrücken, die dem Partner gelten, mit dem sie jeweils das Spiel machen. Andererseits erhalten beide die Chance, die Gefühle zu testen, die sie füreinander haben.

Teilnehmer: Ab 10 Jahren, soweit sie körperlich gesund sind. Die Gruppengröße ist beliebig.

Zeit: Sie brauchen 6 Minuten für das Experiment.

Spielanleitung: Ich möchte euch ein Spiel vorschlagen, das euch beleben wird, weil ihr Energie freisetzen könnt, die jetzt noch in eurem Körper gefangen ist.

Stellt euch vor, ihr seid eine Gasflasche, in der Sauerstoff unter hohem Druck zusammengepresst wird. Das kostet ziemlich viel Kraft. Diejenigen von euch, die der Meinung sind, dass sie nicht unter Druck stehen, können testen, ob diese Auffassung realistisch ist.

Bitte überprüft, wie ihr euch jetzt fühlt… Denkt zurück: Habt ihr in der letzten Stunde Ärger über ein Gruppenmitglied empfunden? Ist euch jemand mit einer Äußerung zuvorgekommen? Hat euch jemand das Wort abgeschnitten? Hat euch jemand genervt?...

Wählt jetzt denjenigen aus, der euch in der letzten Stunde am meisten genervt hat...

Nun schiebt bitte alles zur Seite, sodass wir in der Mitte des Raumes einen großen, freien Platz bekommen... Verteilt euch paarweise im Raum und stellt euch eurem Partner gegenüber...

Bitte legt jetzt die Handflächen in Brusthöhe gegeneinander und verhakt eure Finger mit denen des Partners... Ich werde euch gleich auffordern, euren Partner zurück- und wegzuschieben... Ihr könnt den Kampf zu jeder Zeit abbrechen – und wenn ihr wollt, auch wieder neu beginnen. Bitte beginnt jetzt, euren Partner wegzuschieben. Ihr habt eine Minute Zeit...

Setzt euch jetzt zusammen und sprecht mit eurem Partner über das, was ihr erlebt habt. Welche Gefühle habt ihr jetzt eurem Partner gegenüber? – Wie fühltet ihr euch vorher?... Ihr habt fünf Minuten Zeit für diesen Austausch...

Auswertung:
❍ Welche Gefühle konnte ich dem Partner gegenüber ausdrücken?
❍ Wurde ich mir dabei solcher Gefühle bewusst, die ich vorher nicht wahrgenommen hatte? Wenn ja, welcher?
❍ Wie fühle ich mich jetzt?

Erfahrungen: Dieses Spiel bringt viel Dynamik in die Gruppe. Viele Teilnehmer fühlen sich hinterher freier und gelöster. Achten Sie auf Gefahrenquellen in der Umgebung. Brillen etc. sollten nach Möglichkeit vorher abgenommen werden.

Schlagen Sie dieses Spiel vor, wenn in der Gruppe „dicke Luft" ist bzw. wenn Apathie und Unlust um sich greifen. Sie werden anschließend viel offener mit den Teilnehmern über die Ursachen sprechen können.   ❑

Daumenringen
(Encountertradition)

Ziele: Dieses Spiel kann Gefühle wie Ärger und Rivalität zum Ausdruck bringen und bewusst machen. Es eignet sich besonders gut für Paare, deren Partner unterschiedlich stark sind. Denn bei diesem Spiel kommt es nicht allein auf körperliche Stärke an, sondern auch auf Entschlossenheit und Schnelligkeit.

Teilnehmer: Alle ab 12 Jahren. Die Gruppengröße ist beliebig.

Zeit: Für das Experiment brauchen Sie 6 bis 8 Minuten.

Spielanleitung: Jetzt zeige ich euch ein Spiel, das Gelegenheit bietet, im Experiment zu testen, wieweit Gefühle von Ärger oder Konkurrenz einem anderen Gruppenmitglied gegenüber in euch vorhanden sind.

Wählt euch bitte einen Partner, mit dem ihr dieses Experiment machen wollt... Verteilt euch im Raum und stellt euch einander gegenüber...

Nehmt eure rechte Hand und streckt sie wie zu einem Händedruck aus, wobei der Daumen nach oben gerichtet sein sollte...

Legt jetzt eure Hände nebeneinander, haltet die Daumen dabei weiter hoch und verhakt jetzt die Finger mit denen des Partners... Jetzt „nickt" ein paarmal mit eurem Daumen zur Begrüßung des gegnerischen Daumens...

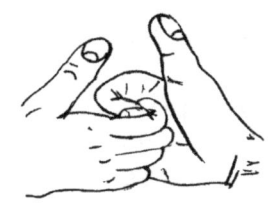

Ich lade euch jetzt zu einem Daumenduell ein. Legt dazu am Anfang jeder Runde die Daumen nebeneinander. Zur Eröffnung des Kampfes sollen die Daumen drei Mal übereinanderhüpfen. Zählt dabei bitte gemeinsam bei jedem Sprung. Sofort nach dem dritten Sprung versucht ihr, den Daumen des Gegners für zwei Sekunden bewegungsunfähig unter euren Daumen zu pressen. Wenn eine Runde beendet ist, könnt ihr mit der nächsten starten. Habt ihr verstanden, wie das geht?...

Erproben Sie selbst das Spiel vorher mit einem Kollegen; dann können Sie es hier in der Gruppe mit einer kleinen Demonstration einführen.

Geben Sie für das Daumenringen drei Minuten Zeit. Anschließend sollen die Partner Gelegenheit haben, ihre Reaktionen auf das Spiel kurz miteinander auszutauschen.

Auswertung:
○ Wie fühlte ich mich bei dem Experiment?
○ Habe ich mich ernsthaft angestrengt?
○ Habe ich den Schwachen gespielt?
○ Welche Gefühle habe ich jetzt meinem Partner gegenüber?

Erfahrungen: Das Spiel macht viel Spaß. Oft werden Gewinnern und Verlierern Rivalitätsgefühle bewusst. Auch wenn sich zeigt, dass keine ärgerlichen oder rivalisierenden Gefühle da sind, aktiviert das Spiel Ihre Gruppenmitglieder. ❑

56

Frag den Leiter was
(nach D. Malamud)

Ziele: Dieses Spiel dient der Bearbeitung von Problemen, die Sie als Gruppenleiter bei den Teilnehmern auslösen. Gruppenmitglieder übertragen oft ihr Bewusstsein der elterlichen Autorität und Allmacht auf den Gruppenleiter. Gleichzeitig übertragen sie auch Gefühle von Zuneigung und Abneigung, die früher den Eltern gegolten haben, auf seine Person.

Dieses Verhalten zeigt jeder von uns in einem gewissen Maße; es wird dann unfunktional, wenn wir durch Übertragungsverhalten den Kontakt zu dem konkreten Menschen allzusehr verdünnen oder gar verlieren.

Dieses Spiel gibt den Teilnehmern die Chance zu überprüfen, wieweit sie realistischen Kontakt zur Person des Leiters haben, zu seinen Ansichten, Bedürfnissen, Wünschen, Ideen, Ängsten etc. Sie können erfahren, dass der Gruppenleiter „menschlicher" ist, als sie selbst es annahmen. Vielleicht erfahren die Teilnehmer, dass ihr eigenes magisches Denken den Leiter oft zu einem Engel oder Teufel stilisiert, der in Wirklichkeit nur begrenzt in der Lage ist zu helfen bzw. zu verderben; und sie fangen vielleicht an zu begreifen, dass sie für sich selbst verantwortlich sind.

Teilnehmer: Ab 14 Jahren. Dieses Spiel ist vorzüglich geeignet auch für Gruppen, deren Mitglieder relativ ängstlich sind. Die Struktur gibt genügend Sicherheit. Ausgezeichnet ist das Experiment auch für natürliche Gruppen, um den Kontakt zwischen Teilnehmern und Gruppenleiter zu verbessern.

Gruppengröße: Gut sind 20 Teilnehmer. Geschickte Gruppenleiter können das Experiment auch in größeren natürlichen Gruppen erproben, z. B. in Schulklassen.

Zeit: Gehen Sie davon aus, dass Sie für jeden Teilnehmer mindestens zwei Minuten benötigen.

Material: Papier und Bleistift.

Spielanleitung: Bei diesem Spiel geht es um euch und um mich. Ihr habt Gelegenheit, mich besser kennenzulernen. Dazu könnt ihr mir eine Frage stellen, die sich auf alles Mögliche beziehen kann. Wichtig ist, dass ihr wirklich neugierig auf die Antwort seid. Ich werde eure Fragen so offen und ehrlich wie möglich beantworten. Auch wenn ich eine Frage nicht beantworten will, werde ich euch das offen sagen.

Bitte schreibt jetzt eure Frage auf ein Blatt Papier...

Warten Sie, bis wirklich alle fertig sind.

Jetzt schließt bitte die Augen und stellt euch vor, dass ihr auf mich zugeht... Ihr schaut mir in die Augen und hört die Antwort, die ich auf eure Frage gebe... Was sage ich?... Wie klingt meine Stimme?... Wie ist mein Gesichtsausdruck?...

Wenn ihr meine Antwort erhalten habt, öffnet die Augen und notiert die Antwort und das, was ihr an nonverbalen Reaktionen bei mir in der Phantasie wahrgenommen habt...

Warten Sie bitte, bis alle diese Antwort notiert haben. Geben Sie danach allen Gruppenmitgliedern Gelegenheit, Ihnen die zuerst notierte Frage wirklich zu stellen. Geben Sie dann Ihre Antwort so offen und konkret wie möglich. Wenn Sie eine Frage nicht beantworten wollen, sagen Sie auch das klipp und klar und reden Sie nicht um den heißen Brei herum. Bitten Sie dann den Fragesteller, die Antwort, die er in der Phantasie von Ihnen erhalten hat, vorzulesen. Untersuchen Sie anschließend gemeinsam mit dem Fragesteller und der Gruppe, wieweit die vermutete Antwort zu Ihrer tatsächlichen Antwort passt und auf welchen Annahmen über Sie evtl. aufgetretene Differenzen basieren.

Dann erst bekommt ein weiteres Gruppenmitglied die Möglichkeit, seine Frage an Sie zu richten.

Auswertung:

○ Wie persönlich war meine Frage?

○ Wieweit spiegelt meine Frage ein Problem aus meinem eigenen Leben?

○ In welchem Ausmaß deckte sich meine vorgestellte Antwort mit der realen Antwort des Gruppenleiters?

○ Was sagt eine Diskrepanz zwischen der vorgestellten und der realen Antwort über meine Beziehung zum Gruppenleiter?

○ Wie ist der gefühlsmäßige Kontakt zwischen Gruppenleiter und Teilnehmern nach dem Experiment?

○ Wie kann ich meinen Kontakt zum Gruppenleiter verbessern?

○ Wie viel Kontakt will ich überhaupt zu ihm?

○ Welche Konsequenzen ziehe ich als Gruppenleiter aus dieser Erfahrung?

Erfahrungen: Dies ist ein Interaktionsspiel, das in den „Handwerkskasten" eines jeden Gruppenleiters gehört. Selbst wenn Sie glauben, dass Sie mit den Mitgliedern Ihrer Gruppe gut vertraut sind, werden Sie meistens feststellen, dass es immer einige wichtige Bereiche gibt, in denen Sie Ihren Teilnehmern rätselhaft und fremd sind. Dieses Spiel hilft Ihnen, die Basis für ein wechselseitiges Verständnis in der Gruppe auszubauen. ❏

**Kapitel 7
Konsensus
und
Kooperation**

Symbolon
(aus der Praxis gruppendynamischer Laboratorien)

Ziele: Das Spiel gibt der Gruppe eine Kooperationsaufgabe, die es den Teilnehmern gestattet, ihr Verhalten in einer Situation ohne formellen Leiter zu erproben. Die lockere Struktur des Spiels bietet eine Reihe von Verwendungsmöglichkeiten. Es kann ausgezeichnet am Anfang einer Gruppe angewendet werden; dann hat Symbolon die Funktion eines Eisbrechers in der Anfangsphase, indem es zu einer wenig angstauslösenden, stimulierenden Aktivität herausfordert. Die Gruppenmitglieder können sich kennenlernen und ihre unterschiedlichen Verhaltensweisen beobachten.

Symbolon kann andererseits auch später erprobt werden, mitten im Leben einer Gruppe oder am Ende. Dann müssen Sie die Aufgabenstellung variieren (z. B.: Entwickelt ein Symbol, das die gegenwärtige Situation der Gruppe zeigt. – Oder: Entwickelt ein Symbol, das ausdrückt, was die Gruppe für euch bedeutet hat, was ihr in der Gruppe hauptsächlich gelernt habt.)

Teilnehmer: Ab 14 Jahren, auch für Gruppen mit ängstlichen und steifen Teilnehmern geeignet. Die Gruppengröße ist beliebig; das Plenum soll in Kleingruppen mit acht bis zwölf Teilnehmern aufgeteilt werden.

Zeit: Sie brauchen ca. 80 Minuten.

Material: Pro Kleingruppe sechs Bögen farbigen Konstruktionskarton, eine Schere, eine Tube Klebstoff, ein Lineal.

Für jeden Teilnehmer brauchen Sie außerdem ein Exemplar des Formulars „Kooperations-Checkliste".

Spielanleitung: In diesem Spiel sollt ihr eine Aufgabe gemeinsam lösen. Ehe ich über die Aufgabe spreche, bitte ich euch, Kleingruppen mit jeweils ca. zehn Teilnehmern zu bilden.

Geht ein wenig im Raum umher, schaut euch die Leute an und überlegt, mit wem ihr gern zusammenarbeiten möchtet…

Bitte bildet jetzt an verschiedenen Stellen des Raumes Gruppen mit jeweils ca. 10 Mitgliedern und achtet dabei so weit wie möglich auf die gleiche Zahl von männlichen und weiblichen Teilnehmern…

Kooperations-Checkliste

1. Wie konnte ich mich entfalten?

2. Wer hat mich behindert?

3. Wer hat mich unterstützt?

4. Wie habe ich Einfluss genommen?

5. Welche Gefühle habe ich nicht ausgedrückt?

6. Wessen Ideen wurden berücksichtigt?

7. Wessen Ideen blieben unbeachtet?

8. Gab es eine Rollendifferenzierung?

9. Welche Rolle habe ich ausgefüllt?

10. Was habe ich über meine Kooperationsfähigkeit erfahren?

11. Wie wurden Entscheidungen getroffen?

12. Wurden Störungen ausgesprochen?

13. Fühlte sich jemand übergangen?

14. Wie klappt die Kooperation im Alltag dieser Gruppe?

Ich möchte euch nun das Spiel erklären. Jede Gruppe erhält sechs Bögen farbigen Karton, eine Schere, eine Tube Klebstoff und ein Lineal. Stellt bitte aus diesen Materialien ein Symbol her, das eure Erwartungen an die Gruppe ausdrückt:

WAS ERHOFFT IHR VON DIESER GRUPPE?

Ihr habt 45 Minuten Zeit für diese Aufgabe. Bitte baut euer Symbol so, dass ihr es später transportieren könnt...

Stellen Sie sicher, dass die Kleingruppen in getrennten Räumen arbeiten können. Lassen Sie später nacheinander jede Gruppe den übrigen Teilnehmern ihr Symbol vorstellen, indem sie erklären, was es ausdrücken soll. Fordern Sie die Teilnehmer anschließend auf, den Kooperationsprozess in ihrer Gruppe zu diskutieren. Verteilen Sie zur Unterstützung ein Exemplar des Formulars „Kooperations-Checkliste" an alle Teilnehmer. Geben Sie der Gruppe für die Diskussion noch einmal 30 Minuten Zeit.

Sie können die Auswertung auch im Fishbowl machen lassen (vgl. dazu IAS Nr. 120 aus dem vierten Teil der Interaktionsspiele).

Auswertung:

○ Was möchte ich – sollen andere – unter Berücksichtigung dieses Experiments zukünftig ändern im Blick auf unsere Kooperation in dieser Gruppe?

Erfahrungen: Das Spiel bringt Spaß und erleichtert den Start einer Gruppe. Es stärkt den Zusammenhalt der Teilnehmer und führt fast immer zu einem Erfolgserlebnis. ❑

Gemalter Dialog

(nach J. O. Stevens)

Ziele: Hier handelt es sich um ein Spiel für zwei Leute, die herausfinden wollen, wie subtil ihre Kooperationsmöglichkeiten sind. Das Experiment ist sehr nützlich für die Mitglieder natürlicher Gruppen, die über ihre Arbeitsstörung miteinander ins Gespräch kommen wollen.

Teilnehmer: Ab 12 Jahren. Die Gruppengröße ist beliebig.

Zeit: Für das Experiment selbst brauchen Sie ca. 20 Minuten.

Material: Zeichenpapier im Format DIN A3 und verschiedene Ölkreiden (mind. 2 Farben für jedes Paar).

Spielanleitung: Ihr könnt gleich testen, wie gut ihr mit einem anderen Teilnehmer kooperieren könnt. Bitte geht an den Tisch mit den Kreideschachteln und wählt euch – ohne miteinander zu sprechen – in aller Ruhe eine Farbe aus, die einen wichtigen Aspekt eurer Persönlichkeit ausdrückt...

Nun bildet schweigend ein Paar mit einem anderen Gruppenmitglied, das eine andere Farbe gewählt hat als ihr selbst...

Ich möchte, dass jedes Paar sich jetzt einen der großen weißen Papierbogen nimmt und sich dann einen ruhigen Platz im Gruppenraum sucht, um sich hinzusetzen...

Legt das Papier zwischen euch... Nehmt die Ölkreide bitte in die Hand, mit der ihr normalerweise nicht schreibt...

Nun fangt an, schweigend gemeinsam auf dem Papier zu malen. Bitte teilt das Papier nicht auf und fertigt auch keine getrennten Bilder an. Vermeidet auch zu planen, zu diskutieren oder zu entscheiden, was ihr zeichnen wollt. Beginnt ganz einfach langsam zu malen und konzentriert euch auf den Malprozess und auf eure Gefühle, die bei der gemeinsamen Arbeit entstehen... Lasst euer Bewusstsein und eure Gefühle einfließen in den Prozess des Malens...

Ihr könnt abwechselnd malen oder gleichzeitig... Ihr könnt auch gelegentlich die Hand des Partners führen, um mit seiner Farbe zu zeichnen, sofern ihm das recht ist. Insgesamt habt ihr 15 Minuten Zeit, um schweigend mit eurem Partner ein Bild zu malen...

Stoppt jetzt bitte... Setzt euch mit eurem Partner zusammen und sprecht miteinander darüber, was ihr bei der Zusammenarbeit erfahren habt. Drückt euer Bewusstsein und eure Gefühle aus, die bei eurer gemeinsamen Arbeit entstanden sind. Was drückt der Prozess des gemeinsamen Malens über eure Beziehung aus?... Ihr habt fünf Minuten Zeit für diesen kleinen Austausch...

Geben Sie anschließend jedem Paar Gelegenheit, sein Bild der Gruppe vorzustellen. Dabei können die übrigen Teilnehmer zunächst Vermutungen äußern, welcher von beiden mit welcher Farbe gemalt hat. Nach zwei bis drei Minuten geben die „Maler" ihre Identität preis und erhalten Gelegenheit, auf die Kommentare der Gruppe zu reagieren und ggf. etwas über ihren Kooperationsprozess zu berichten.

Auswertung:

○ Wie habe ich Kontakt zu dem Partner gefunden?
○ Auf welche Weise habe ich mich mit dem Partner abgestimmt?
○ Wie fühlte ich mich beim Malen?
○ Wie sind beide mit den begrenzten Ressourcen (Platz, Farbe, Zeit etc.) umgegangen?
○ Was sagt das Experiment über meine Beziehung zum Partner?
○ Habe ich etwas Neues über meinen Partner erfahren?
○ Was hat mir am Verhalten des Partners gefallen? Was hat mir nicht gefallen?
○ Gibt es ein bestimmtes Thema, das wir dargestellt haben?
○ Was sagt das ggf. über unsere Situation?
○ Will ich Konsequenzen aus dieser Erfahrung ziehen?

Erfahrungen: Dieses Experiment ist für alle Gruppen ausgezeichnet. Die Bilder sind darüber hinaus eine Dekoration im Gruppenraum, die ihn persönlicher machen. ❑

**Kapitel 8
Personal
Growth**

Geheime Botschaft

(nach D. Malamud)

Ziele: Dieses Phantasiespiel gibt den Teilnehmern Ihrer Gruppe eine Möglichkeit, wichtige Wünsche, Bedürfnisse und Einsichten des eigenen Selbst zu erfassen, auszusprechen und zu diskutieren.

Sie geben sich unter Einbeziehung ihrer Intuition Antworten auf die wichtigen Fragen: Wo bin ich? – Wohin will ich? – Was kann ich tun?

Teilnehmer: Ab 16 Jahren. Das Experiment eignet sich besonders für die Schlussphase einer Gruppe, um die gemachten Erfahrungen komprimiert auszudrücken und „lose Enden" zusammenzubinden.

Zeit: Bei 20 Teilnehmern müssen Sie mit ca. einer Stunde rechnen.

Material: Papier und Bleistift.

Spielanleitung: Ich möchte euch ein Spiel vorschlagen, das jedem etwas Klarheit geben kann über wichtige Aspekte seines gegenwärtigen Standortes. Bitte setzt euch bequem hin und atmet tief und gleichmäßig…
Versucht euch zu entspannen…

Stell dir vor, dass eine unbewusste und weise Stimme in dir ist, die dir wichtige Hinweise über dich selbst geben kann. Du brauchst diese Stimme nur zu hören. Ich möchte dir einen Weg zeigen, wie du eine wichtige Botschaft von dieser weisen Stimme hören kannst.

Bitte buchstabiere deinen Namen von rückwärts und schreibe die Buchstaben in der neuen Reihenfolge auf das Papier, und zwar einen Buchstaben unter den anderen. Wenn du also „Ute" heißt, dann schreibe jetzt:

E…
T…
U…

Jetzt stell dir vor, dass jeder Buchstabe der Beginn eines Wortes ist und dass alle Worte insgesamt eine geheime, wichtige Botschaft deines unbewussten Selbst sind. Die Botschaft gibt dir irgendeine tiefe Einsicht bzw. einen wichtigen Ratschlag. Konzentriere dich auf die Buchstaben deines umgedrehten Vornamens und lass aus ihnen eine Botschaft entstehen… Du hast dazu etwa eine Viertelstunde Zeit…

Warten Sie, bis alle fertig sind. Geben Sie anschließend jedem Grup-penmitglied Gelegenheit, seine Botschaft der Gruppe bekanntzugeben. Dazu können Sie die Gruppe als Resonanzboden für die innere Stimme einbeziehen, indem Sie etwa sagen:

Wer möchte, kann sich seine geheime Botschaft von der ganzen Grup-pe zusprechen lassen. Ihr könnt zum Beispiel sagen: „Sagt meine Bot-schaft einmal alle zusammen und ganz laut." Oder: „Sagt meine Bot-schaft drei Mal, sehr intensiv und leise." Wenn ihr wollt, könnt ihr auch einzelne Gruppenmitglieder bitten, euch die Botschaft eures weisen Selbst zu sagen.

Oft ist im Anschluss kein Reaktionsaustausch notwendig, besonders dann nicht, wenn wesentliche persönliche Probleme zuvor geklärt wurden und das Spiel eine komprimierte abschließende Erfahrung bietet. Sie kön-nen die Gruppenmitglieder schließlich aufmerksam machen auf folgende

Weiterbearbeitungs-Gesichtspunkte:
○ Ich male zu Hause ein Bild zu der Botschaft.
○ Ich nehme mir vor, über die Botschaft einmal zu träumen.
○ Ich beschreibe zehn Zettel mit dieser Botschaft und bringe sie an ver-schiedenen Stellen in meiner Wohnung an, um häufiger mit dieser Bot-schaft konfrontiert zu werden.

Erfahrungen: Dieses Spiel gibt eine sehr konstruktive und integrierende Erfahrung für die meisten Gruppenmitglieder. ❑

60

Selbstsabotage

(aus der Gestalttradition)

Ziele: Die Gruppenmitglieder werden sich hier bewusst, auf welche Weise sie ihre weitere Persönlichkeitsentfaltung blockieren können. Sie erhalten Hilfe, sich solcher Selbstsabotage bewusster zu werden, um sie wirksamer vermeiden zu können.

Teilnehmer: Ab 16 Jahren. Die Gruppengröße ist beliebig.

Zeit: Bei 20 Teilnehmern brauchen Sie ca. eine Stunde.

Spielanleitung: Am Ende dieser Gruppe möchte ich, dass wir alle Gelegenheit haben, uns bewusst zu werden, mit welchen Verhaltensweisen wir uns selbst wirksam blockieren und unsere weitere Persönlichkeitsentwicklung sabotieren können.

Bitte stellt euch im Kreis hin und fasst euch an der Hand... Ich möchte, dass gleich ein Freiwilliger in die Mitte des Kreises geht und der Gruppe die gefährlichsten Dinge mitteilt, mit denen er sich sabotieren kann. Er kann zum Beispiel sagen: „Ich sabotiere meine Entwicklung, wenn ich übermäßig viel arbeite... wenn ich alle Forderungen meiner Eltern erfülle... wenn ich bei allen Menschen beliebt sein will..." etc. Wenn dem Betreffenden nichts mehr einfällt, kann die Gruppe noch einige Ergänzungen machen, indem sie ihm in der Ich-Form noch einige weitere Selbstsabotage-Akte nennt. Wenn der Freiwillige in der Mitte genug hat, tritt er auf ein anderes Gruppenmitglied zu, um dieses in den Kreis zu lassen, und stellt sich selbst auf dessen Platz...

Achten Sie darauf, dass der „Selbstsaboteur" nicht mehr als ein bis zwei Minuten in der Mitte ist und dass spezifische Verhaltensweisen genannt werden. Gehen Sie selbst auch in den Kreis.

Erfahrungen: Das Spiel eignet sich sehr gut für die letzte Gruppensitzung. Es schlägt eine Brücke vom Hier und Jetzt der Gruppe zur Backhome-Situation jedes Einzelnen und bereitet ihn innerlich etwas auf die Herausforderungen des Alltags vor. Achten Sie darauf, dass nicht argumentiert, analysiert oder interpretiert wird. ❑

Journal
(K.W.Vopel)

Ziele: Die Teilnehmer von ambulanten Gruppen, die in erster Linie der Persönlichkeitsentwicklung dienen, können ihren Lernprozess intensivieren, wenn sie ein Journal führen. Das Journal veranlasst die Gruppenmitglieder, selbst zu beurteilen, was sie von Sitzung zu Sitzung gelernt haben und was sie außerhalb der Gruppe anwenden wollen bzw. angewendet haben. Gleichzeitig bietet die Technik des Journals auch eine wirksame Rückkopplungsmöglichkeit zwischen Gruppenleiter und jedem einzelnen Teilnehmer.

Teilnehmer: Ab 12 Jahren. Das Experiment ist besonders wichtig für Gruppen mit jugendlichen Teilnehmern und für sozialtherapeutische Gruppen. Die Gruppengröße ist beliebig.

Zeit: Die Bearbeitung der Checkliste dauert durchschnittlich 15 Minuten für den Teilnehmer. Sie werden für die Lektüre und Kommentierung jeder Liste zwischen 5 und 10 Minuten brauchen.

Material: Für jede Sitzung brauchen Sie eine Kopie des Formulars „Checkliste meines Lernprozesses" für jeden Teilnehmer.

Spielanleitung: Ich möchte, dass jeder von euch beginnt, eine Art Tagebuch zu führen, indem er zu jeder neuen Sitzung ein Formular ausfüllt und mitbringt. Ihr könnt auf diese Weise kontinuierlich selbst euren Lernfortschritt und eure Lernbedürfnisse einschätzen und beurteilen, was die jeweilige Gruppensitzung euch gab. Außerdem könnt ihr euch klarmachen, welche praktischen Konsequenzen ihr aus euren Erfahrungen in der Gruppe ziehen wollt bzw. welche Fortschritte und Fehlschläge ihr inzwischen außerhalb der Gruppe erlebt habt.

Ich werde zu Beginn jeder Sitzung die ausgefüllten Checklisten einsammeln und sie bis zur nächsten Sitzung lesen und kommentieren. Ihr erhaltet dann bei der nächsten Sitzung eine Fotokopie der alten zurück. Das Original werde ich behalten, damit ich auch selbst den Lernprozess jedes Einzelnen verfolgen kann.

Ich empfehle euch, eure Checklisten zu sammeln, zum Beispiel in einem Ringordner, sodass ihr von Zeit zu Zeit euren Fortschritt testen könnt.

Checkliste meines Lernprozesses

1. Was habe ich in dieser Sitzung über mich selbst gelernt?

   ....

   ....

2. Was davon kann bzw. will ich außerhalb der Gruppe gebrauchen?

   ....

   ....

3. Was habe ich über die anderen Teilnehmer erfahren? Kann ich etwas davon auf mich selbst anwenden?

   ....

   ....

4. Wann habe ich mich in dieser Sitzung am lebendigsten gefühlt?

   ....

   ....

5. Wann war mein Interesse in dieser Sitzung am geringsten?

   ....

   ....

6. Wie gut konnte ich mich in dieser Sitzung entfalten?

   ....

   ....

7. Welches Problem interessiert mich im Augenblick besonders?

....

....

8. Seit der letzten Gruppensitzung war mein größter Erfolg:

....

....

9. Mein größter Misserfolg war:

....

....

10. Wenn ich Leiter dieser Gruppe wäre, würde ich:

....

....

11. Von der Gruppe möchte ich,

....

....

Hier kann der Gruppenleiter mir seine Reaktion mitteilen:

....

....

....

Name: .... Datum der Gruppensitzung: ....

Habt ihr verstanden, was ich meine?...

Wenn Sie die kommentierten Listen zu Beginn der neuen Sitzung zurückgeben, sollten Sie Ihre wichtigsten Reaktionen auf das, was die Teilnehmer geschrieben haben, der Gruppe mitteilen. Dabei ist m. E. der wichtigste

Auswertungsgesichtspunkt:
O Mit wie viel Intensität haben die Teilnehmer das jeweilige Journal geschrieben?

Erfahrungen: Die Tagebuchblätter sind eine außerordentlich wirksame Unterstützung des Gruppen-Lernprozesses. Sie zeigen jedem Teilnehmer, dass er für sein Lernen selbst verantwortlich ist und dass sein eigenes Urteil über die Qualität des Lernprozesses entscheidend ist.

Sie können den Lernprozess der Gruppe, des einzelnen Teilnehmers und damit auch den Erfolg Ihrer eigenen Arbeit besser evaluieren. Die Journalblätter sagen Ihnen, wie stark ein Teilnehmer motiviert ist und welche spezifischen Schwierigkeiten vorliegen.

Mit diesen Informationen können Sie dem Einzelnen ggf. gezielter behilflich sein und Ihre Lernarrangements konkreter auf die wirklichen Bedürfnisse der Teilnehmer abstimmen. ❏

Schnappschüsse
(K.W.Vopel)

Ziele: Im Rahmen dieser gelenkten Phantasie kann jeder Teilnehmer Ihrer Gruppe sich klarer werden, wie er derjenige wurde, der er heute ist. Wichtige Situationen aus der Lebensgeschichte werden neu erlebt, Wendepunkte können klarer hervortreten und deutlicher werden. Durch das anschließende Gespräch gewinnen die Gruppenmitglieder nicht nur mehr Verständnis für sich selbst, sondern auch für die übrigen Teilnehmer.

Teilnehmer: Ab 30 Jahren. Die optimale Gruppengröße liegt bei ca. 12 Teilnehmern.

Zeit: Sie brauchen ca. 90 Minuten.

Spielanleitung: Ich möchte euch zu einer geleiteten Phantasie einladen, bei der ihr einen gewissen Überblick über eure Biografie und vielleicht ein tieferes Verständnis für euren eigenen Entwicklungsprozess gewinnen könnt.

Setzt oder legt euch irgendwo im Raum hin, wo ihr ungestört für euch sein könnt... Macht es euch dort bequem und schließt die Augen...

Konzentriert euch auf euren Körper... Habt ihr bereits die bequemste Position eingenommen?... Gibt es noch irgendwelche Spannungen in eurem Körper?... Achtet besonders auf eure Oberschenkel, Magen, Schultern, Gesicht und Hände... Wenn ihr irgendwo eine Verspannung bemerkt, dann verstärkt sie absichtlich und lasst dann wieder locker. Wenn ihr das ein paarmal macht, hilft es wahrscheinlich... Achtet jetzt auf euren Atem... Wie atmet ihr?... Beginnt, etwas tiefer ein- und auszuatmen... (1 Min.)

Stell dir jetzt vor, dass dein Kopf ganz leer wird und dass du neugierig bist auf das kommende Phantasieexperiment...

Stell dir vor, du bist in dem Haus, in dem du früher einmal gewohnt hast... Du hast einen Abstellraum betreten, in dem lauter alte Sachen aufbewahrt werden, die früher einmal wichtig für dich waren. Was siehst du dort?...

Jetzt findest du ein dickes Fotoalbum, das lauter Bilder aus deiner Familiengeschichte enthält... Auf vielen Bildern bist du selbst dargestellt... Bring dieses Fotoalbum in der Phantasie hierher und stell dir vor,

dass du gleich damit beginnen wirst, dieses Album durchzublättern...
Was empfindest du bei dieser Aussicht, dir selbst zu begegnen?...

Öffne jetzt langsam das Fotoalbum... Du findest ein altes Bild, das
dich im Alter von fünf Tagen zeigt. Schau genau hin, um dich und die
Details aus der Umwelt zu erkennen. Wo bist du selbst?... Ist jemand bei
dir?... Welche Atmosphäre hat der Raum, in dem du bist?... In welcher
Verfassung ist das fünf Tage alte Baby?...

Wie fühlst du dich, wenn du dieses alte Foto betrachtest?... (1 Min.)

Blättere weiter. Du wirst gleich ein Bild finden, das dich im Alter von
einem Jahr zeigt. Wo bist du auf diesem Bild?... Wer ist bei dir?... Was
drückt dein Gesicht aus?... Was sagt deine Körperhaltung?... Was sagt
das Bild über die Lebensumstände des einjährigen Kindes?... Was empfindest du beim Betrachten dieses Bildes?... (1 Min.)

Blättere weiter im Fotoalbum... Das nächste Bild zeigt dich im Alter
von fünf Jahren... Wo bist du?... Wer hat das Foto aufgenommen?... Wie
viel Mühe hat sich der Fotograf gegeben?... Bist du allein auf dem
Bild?... Wie sieht deine Umgebung aus?... Was sagen dein Gesicht und
deine Körperhaltung darüber, wie du dich fühlst?... Was ist für die Existenz dieses fünfjährigen Kindes charakteristisch?... Was fehlt dir?... Welche Empfindungen hast du beim Betrachten dieses Bildes?... (1 Min.)

Blättere wieder weiter... Du wirst dabei auf ein Bild stoßen, das dich
im Alter von fünfzehn Jahren zeigt... Wie siehst du inzwischen aus?...
Was drückt dein Körper aus?... Was zeigt dein Gesicht?... Wie geht es dir
jetzt?... Wer ist noch auf dem Bild zu sehen?... In welcher Umgebung bist
du?... Wer hat das Bild wohl aufgenommen?... Was hat der Fotograf
dabei empfunden?... Welche Überschrift würde zu diesem Bild passen?...
Welche Gefühle hast du beim Betrachten dieses Bildes?... (1 Min.)

Blättere noch einmal weiter... Du entdeckst jetzt ein Bild, das dich im
Alter von fünfundzwanzig Jahren zeigt... Was fällt dir an diesem Bild
auf?... Was drückt dein Körper aus über dein Lebensgefühl?... Bist du
allein?... Wie sieht deine Umgebung aus?... Wer hat das Foto aufgenommen?... Wozu?... Finde eine Überschrift zu diesem Bild... Was sind
deine Empfindungen beim Betrachten dieses Bildes?... (1 Min.)

Ich werde dich gleich bitten, das Fotoalbum zu schließen. Wenn du das
tust, nimm dir vor, das Album in deiner Phantasie gut aufzubewahren, sodass du die Bilder jederzeit wieder betrachten kannst... Schließt jetzt das
Buch eurer Vergangenheit und kommt langsam mit eurem Bewusstsein
zur Gruppe zurück. Ihr habt dafür eine Minute Zeit...

Öffnet nun alle die Augen und schaut euch hier im Raum um… Setzt euch wieder im Kreis zusammen…

Wer möchte uns etwas von seinen Erlebnissen erzählen?…

Auswertung:

◯ Wann fühlte ich mich am wohlsten? Wann fühlte ich mich am wenigsten wohl?

◯ Was ist mir beim Betrachten der Bilder bewusst geworden?

◯ Habe ich etwas Neues erfahren?

◯ Was sagen die Bilder über meine Persönlichkeitsentwicklung?

◯ Welche Lebensthemen habe ich gefunden?

◯ Was sagen die Bilder im Sinne einer Bilanz zwischen Erfreulichem und Unerfreulichem?

◯ Was sind meine Reaktionen im Blick auf die Berichte der anderen?

◯ Welche Teilnehmer haben ähnliche Bilder gefunden wie ich?

◯ Was fehlt mir auf meinen Bildern am meisten? Wieweit habe ich dieses Defizit heute ausgeglichen?

◯ Auf welche Weise kann ich mein Leben heute reicher und glücklicher machen?

Erfahrungen: Dieses Phantasieexperiment kann sehr starke Gefühle mobilisieren, frohe und traurige. Vermeiden Sie, dass die Bilder interpretiert werden. Nehmen Sie die Bilder als Spuren der persönlichen Vergangenheit, die uns helfen können, uns selbst besser zu verstehen. ❏

63

Collagen
(Encountertradition)

Ziele: Unsere Persönlichkeitsentwicklung ist auch davon abhängig, inwieweit wir in der Lage sind, unsere schöpferischen Möglichkeiten im Zusammenwirken mit anderen zu verwirklichen. In diesem Kreativitätsexperiment können die Teilnehmer schöpferische Kooperation üben, indem sie sich auf ihre persönlichen Einfälle konzentrieren und diese dann transzendieren, indem sie versuchen, mit den anderen Teilnehmern Kontakt aufzunehmen. Auf diese Weise können sie sich selbst frei ausdrücken und zugleich den Ausdruck fremder Individualität akzeptieren lernen.

Teilnehmer: Alle ab 12 Jahren. Die Gruppengröße ist beliebig.

Zeit: Setzen Sie 60 bis 120 Minuten für die Herstellung der Collage an.

Material: Fordern Sie die Teilnehmer ein paar Tage vor dem Experiment auf, verschiedene Materialien für das Experiment mitzubringen, alte und neue Fundstücke: Uhren, Parfumfläschchen, Tabakdosen, Fotos, Handschuhe, Bilderrahmen, Brillen, Farbspray, Fingerfarben, Filzschreiber, Blätter und Blumen, alte Zeitschriften. Dazu brauchen Sie Klebstoffe, Scheren, Messer, Pinsel, Bindfaden etc. und vor allem einen geeigneten Untergrund für die Collage, d.h. einen großen Bogen Karton oder eine größere Sperrholzplatte. Sorgen Sie schließlich dafür, dass genügend Zeitungen vorhanden sind, damit Sie den Arbeitsplatz vor Beschädigungen schützen können.

Spielanleitung: Ihr könnt gleich ein Experiment in schöpferischer Kooperation erproben, indem ihr an einer Gruppencollage arbeitet. Dabei könnt ihr versuchen herauszufinden, wie ihr folgende Fragen beantwortet: Gestatte ich mir, selbst schöpferisch zu sein?

Wieweit ist „schöpferisch sein" für mich identisch mit der Erfüllung bestimmter ästhetischer Normen?

Kann ich alltägliches Material in den schöpferischen Ausdruck meiner Einfälle einbeziehen?

Wieweit kann ich kreativ sein und gleichzeitig kooperieren?

Wie viel Entfaltungsmöglichkeit will ich anderen neben mir einräumen?

Ich werde euch gleich auffordern, alle Mitbringsel in einem Material-depot zu lagern. Lasst euch dann Zeit, um alle Ressourcen kennenzulernen. Wenn ihr eine erste Übersicht gewonnen habt, bringt die Arbeitsunterlage in die gewünschte Position und beginnt mit der Collage. Denkt daran, dass ihr eine Collage anfertigen sollt, an der jedes Gruppenmitglied beteiligt ist. Versucht, eure Kreativität und die der anderen zu respektieren. Achtet auch auf eure Gefühle bei der Kooperation und auf die Art und Weise, wie ihr mit den anderen kommuniziert. Ihr habt für das Experiment eine Stunde Zeit…

Auswertung:
○ Wie habe ich mich bei dem Experiment gefühlt?
○ Welche Materialien habe ich mitgebracht? Welche habe ich benutzt?
○ Wie habe ich mit den anderen kooperiert?
○ Wie viel eigene Ideen konnte ich ausdrücken?
○ Wie wurden meine Beiträge aufgenommen?
○ Wie bin ich auf die Vorschläge anderer eingegangen?
○ Wieweit habe ich mich auf einem abgegrenzten Areal aufgehalten?
○ Wie habe ich darauf reagiert, wenn andere Teilnehmer meine Schöpfungen veränderten?
○ Mit wem habe ich besonders intensiv kooperiert?
○ Wie entwickelte sich die Kommunikation in der Gruppe? Wann wurde besonders wenig gesprochen?
○ Wann habe ich zuletzt eine vergleichbare Erfahrung gemacht?
○ Wie viel Energie habe ich in die Collage investiert?
○ Was bedeutet die Collage jetzt für mich?
○ In welchem Sinn ist die Collage beendet?
○ Was bringt sie für mich zum Ausdruck?
○ Was habe ich für mich gelernt?
○ Mit welchen anderen Personen würde ich dieses Experiment gern wiederholen?

Erfahrungen: Teilnehmer mit einem traditionellen ästhetischen Konzept sind oft weniger zufrieden mit der Collage. Sie konnten den gemeinsamen Prozess zu wenig kontrollieren. Am meisten Spaß bringt dieses Experiment solchen Leuten, die zwischen Autonomie und Interdependenz gut balancieren können.

Sie können folgende Variation ausprobieren: Wenn mehrere Gruppen eine eigene Collage anfertigen sollen, kann jede mit nur einem Medium arbeiten (mit Nägeln, Holz, Ton, Papier etc.).

Sie können auch ein lukullisches Happening mit der Gruppe veranstalten, zu dem jeder Teilnehmer irgendwelche Lebensmittel und Getränke beisteuert. ❑

Gesicht malen
(Encountertradition)

Ziele: Hier können die Teilnehmer Ihrer Gruppe wieder entdecken, wozu sie Augen und Hände auch benutzen können: um in aller Ruhe ein fremdes Gesicht zu betrachten und zu berühren.

Teilnehmer: Ab 10 Jahren, sofern die Teilnehmer so weit aneinander interessiert sind, dass sie Lust zu dieser ungewöhnlichen Form des Kontaktes haben. Die Gruppengröße ist beliebig.

Zeit: Das Experiment dauert ungefähr 12 Minuten.

Spielanleitung: Bei dem nächsten kleinen Experiment könnt ihr eure Sinne etwas mehr als gewöhnlich ins Spiel bringen.

Wählt euch einen Partner aus, auf den ihr neugierig seid…

Verteilt euch im Raum und setzt euch einander gegenüber, sodass ihr bequem die Schulter des Partners berühren könnt…

Bitte sprecht während des Experiments nicht miteinander. Ich möchte, dass der Kleinere von euch jetzt die Augen schließt. Der Größere soll dann beginnen, das Gesicht des Partners anzuschauen. Betrachtet das Gesicht ganz genau, wie eine Landschaft mit vielen Einzelheiten und Charakteristika…

Um das Relief des Gesichts noch deutlicher zu erfahren, beginne nun, ohne den Partner zu berühren, die Finger deiner rechten Hand dicht über die Oberfläche der Haut zu führen, als ob du eine Zeichnung von dem Gesicht deines Partners machen willst… Während du das tust, achte darauf, welche Gebiete des Gesichts dir besonders dominant zu sein scheinen. Zeichne zuerst diese Teile… (1 Min.)

Jetzt konzentriere dich auf die weniger dominanten, weicheren Regionen des Gesichts und zeichne ihre Linien mit deinen Fingerspitzen nach – ohne jedoch das Gesicht des Partners tatsächlich zu berühren…

Jetzt beginne, die weniger dominanten Teile des Gesichts langsam und vorsichtig mit den Fingerspitzen zu berühren, als ob du eine Marmorbüste auf diese Weise kennenlernen und zum Leben erwecken möchtest… Stell dir vor, dass die Berührung deiner Fingerspitzen das fremde Gesicht belebt und erfrischt… (1 Min.)

Sage dem Gesicht jetzt Adieu und nimm deine Hand langsam zurück.

Lass dem Partner noch etwas Zeit, diese Erfahrung in sich nachklingen zu lassen… (30 Sek.)

Jetzt öffnet die Augen und wechselt die Rollen. Der Größere von euch schließt nun die Augen, und der Kleinere beginnt, das Gesicht des Partners zu betrachten…

Wiederholen Sie die Instruktionen.

Jetzt öffnet wieder die Augen und sagt einander, was ihr erfahren habt. Macht euch darauf aufmerksam, welche Details die dominanten Gesichtspartien auszeichnen und was die weicheren Regionen des Gesichts kennzeichnet. Sagt einander auch, was ihr empfunden habt, als ihr das Gesicht des Partners berührtet bzw. als ihr selbst berührt wurdet. Ihr habt für euer Gespräch fünf Minuten Zeit…

Auswertung:
○ Wie hat mir dieses Experiment gefallen?
○ Habe ich etwas Neues über mich und meinen Partner erfahren?
○ Was gefiel mir am besten?
○ Zu welchen Partien meines Gesichts habe ich im Alltag am meisten Kontakt?
○ Was bedeutet es für mich, ein fremdes Gesicht zu berühren?
○ Berühre ich oft genug andere Leute?
○ Werde ich selbst oft genug berührt?

Erfahrungen: Fast immer ist der Kontakt der Teilnehmer untereinander nach diesem Erlebnis intensiver und lebendiger als vorher. ❏

Gesamtverzeichnis
der Interaktionsspiele
Teil 1 bis 6

Akzeptierung und Angstabbau in der Anfangsphase

Wahrnehmen und Kommunizieren

Aktivierung bei Müdigkeit und Unlust

Entwicklung von Vertrauen und Offenheit

Beziehungsklärung und Feedback

Umgang mit Einfluss, Macht und Konkurrenz

Konsensus und Kooperation

Personal Growth

Rollen flexibler spielen

iskopress

Auf den nächsten Seiten
finden Sie mehr zum Thema «Kunst
und Technik der Gruppenleitung»

Kunst und Technik
der Gruppenleitung

iskopress

Klaus W. Vopel
Improvisationen
Spiele mit geschlossenen Augen
96 Seiten, ISBN 978-3-89403-337-8
Paperback

Klaus W. Vopel
Kreative Konfliktlösung
Spiele für Lern- und Arbeitsgruppen
325 Seiten, Fadenheftung
ISBN 978-3-89403-098-4

Klaus W. Vopel
Handbuch für
Gruppenleiter/innen
**Zur Theorie und Praxis
der Interaktionsspiele**
248 Seiten, Paperback
ISBN 978-3-89403-099-2

Klaus W. Vopel
Vertrauen ist besser
Rituale für Gruppen und Teams
152 Seiten, ISBN 978-3-89403-338-5
Paperback

Phantasiereisen
und Meditationen

iskopress

Klaus W. Vopel
Das Leben lieben
Phantasiereisen, Visualisierungen und Trancen
140 Seiten, Paperback
ISBN 978-3-89403-074-7

Klaus W. Vopel
Lust am Leben – CD
Phantasiereisen für Optimisten
Spielzeit: 78 Minuten
ISBN 978-3-89403-022-4

Klaus W. Vopel
Lust am Leben
Phantasiereisen für Optimisten
214 Seiten, Paperback
ISBN 978-3-89403-096-8

Klaus W. Vopel
Unser Haus ist die Erde
Phantasiereisen durch die Natur
174 Seiten, Paperback
ISBN 978-3-89403-086-0